www.ingramcontent.com/pod-product-compliance
Lightning Source LLC
LaVergne TN
LVHW010457160826
845677LV00012B/2523

9789778983371

أفكارٌ مُتناثرة

اسم الكتاب: أفكارٌ مُتناثرة

نوع الكتاب: خواطر

تأليف: مجموعة مؤلفين

تصميم الغلاف: سامح علي

التصحيح اللغوي: نورهان إبراهيم

التنسيق الداخلي: نورا سليمان سيد

رقم الإيداع: 2023/23285

الترقيم الدولي I. S. B. N : 978-977-8983-37-1

جمهورية مصر العربية- القاهرة

مدير النشر: أحمد مكي   جهاد محمود

01142340175.01208209008

Ahmedmakay79@gmail.com

أفكارٌ متناثرة

المُقدمة

هُنا أحرُف نُسِجَت مِن عُمقٍ أفئدَتنا ما دَوناهُ هُنا يُجسِّد قَليلُ مِما قَد رأتهُ أرواحُنا، و شَعرت بهُ دَواخلنا، و تَأملتهُ جوارِحُنا أصغِ...

رُبما تجد الجُزء المُمزق مِنكِ في أرجَاءِ خربشتانا، رُبما تَجِد ذَاتَك التِي أفلَتها مِنك الحُزن، رُبما تَجِد شَيئًا يَشبهُ خَفاقُك في طيات هذا الكِتاب فَلا تَعبُر مِن أمَامِ مِحراب أحرُفنا خَالٍ دُونَ تأثيرٌ دَاخِلِي .

"هَلْ سَأَعُودُ مَرَّةً أُخْرَى "

أُنْظُر إِلَى نَفسِي فِي كُلِّ لَيلَةٍ وَأَقُولُ مَاذَا فَعَلتَ لِنَفْسِك يَا فَتَاةُ أَتَطلَّعَ عَلَى ذَاتِيَّ التِي هَلَكَتْ مِن كَثْرَةِ البُكَاءِ مَتَى أَصبَحَتْ هَكَذَا لَم يَعُدْ شَيْءٍ يَبْقَى بِجَانِبِي، فَأَيْنَ أَصدَقَائِي أَينَ مِنْ أَقرَبُ إِلَى قَلبِي لِمَاذَا لَم يَبْقَ أَحَدًا مَعِي هَل أَنَا كَئِيبَةً أَم مَاذَا؟ لَم أَكُن يَومًا هَكَذَا وَلَكِن الحَيَاةُ أَجبَرْتنِي عَلَى فِعلِ هَذَا، عَدَمِ التَّحَدُّثِ عَدَمِ شُعُورِي بِالأَمَانَ وَالطُّمَأنِينَة وَلَكِنْ أَعلمَ أَنَّنِي سَأَعُودُ وَلَكِنْ مَتَى لَا أَعلَمُ فَأَنَا أَنْتَظِرُ الْعَودَةِ إِلَى مَا كُنتُ عَلَيهِ.

شَهدَ ابْرَاهِيمَ " رَفِيقَةِ اللَّيْلِ "

" إلَى مَتَى سَأَكُونَ هَكَذَا "

أُنْظُر إلَى الأَشْيَاءِ كَأَنَّنِي لَمْ أُنْظُر إلَيهَا لِمُدةِ كَأَنَّنِي لَم أَكُن فِي هَذَا العَالَمِ وَعُدتُ إلَيهِ مِن فَتْرَةٍ، هَذِهِ غرْفَتِي التِيَ حِين أَدخُلهُا تَنهَارِ قُوتِيَّ المُزَيَّفَةِ نَعَمْ فَهُيّ مُزَيَّفَةِ، فَإنَّا لَم أَعُد أسْتَطِيعُ عَلَى فِعلِ شَيءٍ، هَلْ سَيَبقَى الْحَالِ هَكَذَا أَم أنَا الَّتِي أُعْطِيَ لَه أَهَمِيَّةٌ أَكْثَرَ وَلَكِنَّ هَذِهِ لَيْسَت بِشَخْصٍ فَهَذِهِ حَيَاتِي الَّتِي ذَهَبَتْ مُنذُ فَتْرَةٍ لَم تَعُد لَا تُعْجِبُنِي هَذِهِ الْحَيَاةِ الَّتِي لَا يُوجَدُ بِهَا شَيْءٌ سِوَى الْاكْتِئَابِ وَالْأَحْزَانِ، أنَا فَقَطْ أَرِيدِ العَودَةِ لَا شَيء أَكْثَرَ مِن ذَلِكَ.

شهد إبراهيم *رَفِيقَةَ اللَّيْلِ *

" انهيار قلبي"

مَاذَا حَلَّ بِك يَا قَلْبِي؟

لِمَاذَا لَمْ تَعُدْ تَتَحَمَّلُ مَن سَيُكمِلُ الطَّرِيقِ مَعَك؟!

نَعَم طَرِيقٍ وَأَي طَرِيقٍ هَذَا الَّذِي لَا أَحَدٌ يدعمني فَكُلٌّ مِنْهُم أَصبَحَ لَا يُرِيدُنَا، وَلَكِنْ تَعَهَّدنَا أَنْ نَسِيرَ سَوِيًّا مِهمَا حَلَّ بِالْأَمرِ فَمَاذَا حَلَّ بِكَ؟! أعلَم أَنَّك تَرَى وَتَتَحَمَّلُ وَتَنكَسِرُ مَاذَا تَنتَظِرُ أَن يَأْتُوا إليكَ؟

لِمَاذَا يَفعَلُونَ هَذَا وَهُم مَن فَعَلُوا هَذَا بِكَ؟! أَصبَحت مَلِيئًا بِالجُرُوحَ وَتَنْزِفُ بِشِدَّةٍ وَأَنَا أَتَوَجَّعَ هَنًا، تَعلَمُ سَتشفى هَذِهِ الجُرُوحَ يومًا وَسَتَعلِنَ إِنَّكَ عَلَى قَيدِ الحَيَاةِ وَأَنَا هُنَا أنتَظَرَ ذَلِكَ اليَوم.

شهد إبراهيم *رَفِيقَة اللَّيْلِ *

مُناجاة

يَا حَبِيبِي وَحَقِّكُ لَولَا يَقِينِيُّ بِحُبِّكَ لعَتَبْتِ عَلَيكُ، وَلَولَا عَلمِي بِرَحمَتِك لشكوتُ إليك، وَلَولَا ثِقَتِي بِعَدلِك لَاستَعدِيَتِك عَلَيكُ، وَلَولَا رُؤيَتِي نِعَمِكَ لَاستَبطَأتْ كَرِيمِ إحسَانِك وَلَكِنِّي ألجَمتُ الشَّكَّ بِاليَقِينِ وَالتَّسَخُّطِ بِالرِّضَا، وَالتَّبَرُّمِ بِالصَّبِرَ فَلَكَ مِنِّي يَا حَبِيبِي رَضَا قَلبِي وَإِن شَكَى لَسَانِي، وَهُدُوءِ نَفْسِي وَإِن بَكَت عَيُونَي، وَإِشْرَاقِ رُوحِي وَإِن تَجَهَّمُ وَجَهِي، وَأمل يَقِينِيُّ وَإِن يَأْس جَسَدِي، فَلَا تُؤَاخِذُنِي بِصَنِيعِ مَا يَفنَي مِنِّي وَلَكَ مِمَّا أَعُودُ بِهِ إِلَيك مَا تُحِبُّ.

إسراء محمد (فتاة في عالم غريب)

أقبح النسيان

أقبَحُ أنوَاعَ النِسيان نِسيان المَشهُور تَارِيخه يَوم كَانَ مَغمُورًا، ونِسيان التَائِب مَاضِيه يَوم كَان عَاصِيًا، ونِسيان العَالِم أنَّ الله وَهبه الفَهمَ والعِلمَ وسَيسأله عَنهُمَا، ونِسيان المَظلوم آلامَ الظُلمِ بَعد أن يُصبح مُنتصرًا، ونسيَان الطَالِب النَاجِح فَضل مَن كَانوا سَببًا فِي نَجاحِه، ونِسيان الدَاعِية فَضل الذِين سَبقُوه أو سَارُوا مَعَه، ونِسيَان الفَضل لِكُلِ ذِي فَضلٍ مَهمَا كَانَ دَقِيقًا.

إسراء محمد (فتاة في عالم غريب)

انسَ آلامك

استِمرَارُ التَّفكِيرِ فِي الأَمِّ مَرَضِك يَزِيدَكُ ألامًا، فَحَاوَلَ أَنْ تَنْسَى مَرَضِك وَلَوْ فَتَرَاتِ بِقِرَاءَةِ مَا تَستَلِذُّ قَرَاءَتِهِ، أَو سَمَاعِ مَا تَستَحسَنَ سَمَاعِهِ، أَوْ رُؤيَةٍ مَا تُحِبُّ رُؤيَتِهِ، أَو مُحَادثَةِ مَن تَوَدُّ مُحَادِثَتَهُ، وَإِذَا رُزِقت الأَنْسَ بِكَلَامِ اللَّهِ وَ حَلَاوَةَ مُنَاجَاتِهِ كَانَ ذَلِكَ مِن أَكبَرُ العَوَامِلِ عَلَى نِسيَانِ آلَامِكِ، حِينَ تَقرَأُ كِتَابِ اللَّهِ أَو تَخْضَعُ بَينَ يَدَيه فِي صَلَاتِكَ.

إسراء محمد (فتاة في عالم غريب)

فَرح الزَوج

الزَوجُ الوَفِي المُحِب يَفرَحُ بِولادِةِ زَوجَتِه مَرتَين مَرةٌ؛ لأنَها ولَدت لَه مَولُودًا وأُخرَى لأنَهَا سَلمَت فِي وِلادَتِها وَلَن أنسَى فَقد أخت حَبيبة وَهِي عَلَى فِراشِ الوِلادة يَرحمُها الله، لقَد عَرِفت يَومئذٍ مَعنى اللَوعة عَلى فَقدِ الأحِبة لأول مَرة فِي حَياتِي، وَلِأول مَرة أبكِي عن أبِي مع أبِي يَرحمه الله وَقَد هدَّهُ الحُزنُ عَليها، وَهُو شَيخٌ كَبير وَأنَا بَعد لَم أعرف مَعنَى الأبُوة وَلا دَخلت عَتبتها فَمَا أشَد فَرحَة الزَوجُ الأب بِولادة زَوجَته الأم وَسَلامَتها له وَلأطفالِه الذِين مَا يُزالُون كَأفراخ القطا.

إسراء محمد (فتاة في عالم غريب)

حِين يُسَاء فَهم الدِين

حِينَ تُضِيع مَعَانِي الدِين وتَبقَى مَظَاهِره تُصبِح العِبادَة عَادة، والصَلاةُ حَرَكَات، والصَومُ جَوعًا، والذِكر تَمَايُلا، والزُهد تَحَايُلاً، والخُشوعُ تَمَاوتًا، والعِلم تَجمُلاً، والجِهَاد تَفَاخرًا، والوَرَع سُخفًا، والوَقَار بلادة، والفَرائِض مُهمَلةٌ، والسُنَن مُشغِلَة وحِينئذٍ يَرى أدعِياء الدِين عَسف الظَالِمين عَدلاً، وبَاطلُهم حقًا، وصُرَاخ المُستضعَفِين تَمردًا، ومُطالَبتِهم بِحَقِهم ظُلمًا، ودَعوة الإصلاح فِتنة، والوقُوف فِي وَجه الظَالِمين شَرًا وحِينئذٍ تُصبِحُ حُقوق النَاس مَهدرة وأبَاطِيل الظَالِمين مُقَدسة، وتَختَل المَوازِين، فَالمَعرُوف مُنكرٌ والمُنكَر مَعرُوفٌ وحِينئِذٍ يَكثُر اللصُوص بِاسم حِمَاية الضُعفَاء وقُطَّاع الطُرق بِاسم مُقَاومَة الظَالِمين، والطُغَاة بِاسم تَحرِير الشَعبُ والدَجَّالُون بِاسم الهِدَاية والإصلاح والمُلحِدُون بِحُجةِ أنَّ الدِينَ أفيونُ الشُعُوب.

إسراء محمد(فتاة في عالم غريب)

مَولُود جديد

مولود جَدِيد أَطَلّ عَلَى الدُّنيَا بَاكِيًا لَمْ يَشعُر بِهِ إِلَّا أَبَوَاه وَأَقْرِبَاؤُه ولَكِنَّهُ زَادَ فِي مِيزَانِيَّة وَالِدِه نَفَقَات، فَزَادَ فِي مِيزَانِيَّة الدَّولَة نَفَقَات، فَزَادَ فِي مِيزَانِ الدَّفع والمُقَايَضَة العَالَمِيّ وزَادَ فِي استِهلَاكِ المَوَادِّ الغِذَائِيَّةِ فِي العَالَمِ، وزَادَ فِي عَدَدِ سُكَّانِ كَوكبنا المُتَحَرِّك الَّذِي يَئِنُّ بسكانه الحاليين . . وزَاد . . وزَاد . . هَذَا المَولُودِ الصَّغِير . . الَّذِي لَم يَشعُرْ بِوِلَادَتِه إِلَّا أَفرَادٌ قَلَائِل.

إسراء محمد (فتاة فِي عَالَمِ غريب)

بُكَاء الوليد

لمَ وَلَد باكيًا مَعَ أَنَّهُ فَارَقَ الظَّلَمَة إِلَى النُّورِ؟ وضِيق الرَّحِمُ إِلَى سِعَةِ الدُّنْيَا؟ قَالُوا؛ لِأَنَّهُ فَارَقَ مَكَانَهُ الَّذِي أَلَّفَهُ ومَا هُوَ بِذَلِكَ ، ولَكِنَّه تَأَلَّم لِأَنَّهُ عَانَى ضَغَط الْخُرُوجُ عَلَى أَعضَائِهِ الْغَضَّة اللدنة فَصَرَخ ضَغَطَ عَلَيهِ فَتَأَلَّم فَصَرَخ هَذِهِ هِيَ طَبِيعَةُ الإِنْسَانِ الْحَيّ ، بَلْ قُلْ: أَنَّهَا أَوَّلُ مَا يبدُو مِن طَبَائِع الْإِنْسَان وَخَصَائِصُه مُنذ أَن يَستَقِلَّ فِي وُجُودِهِ عَن أَيِّ إِنسَانٍ آخَرَ، فالشُعور بِالْحُرِّيَّة مُلَازِمٌ لِشُعُور الإِنسَان بِالحَيَاة و الشُّعُور بالاضطهاد مُلَازِمٌ لشعوره بِالْحُرِّيَّة .

إسراء محمد (فتاة في عالم غريب)

القناعةُ كنزٌ لا يُفنى

القَنَاعَة شَيءٌ هَامَ فِي حَيَاتِنَا العَمَلِيَّة، فَلِكُلّ إنسَانٌ نَصِيب يُدرِكُه ويَجِبُ عَلَيْنَا الرّضَا وَالقَنَاعَةِ بِمَا لَدَيْنَا إنْ قَلَّ أَوْ كَثُرَ، فدائمًا القشة تَطْفُو عَلَى سَطحِ المَاءِ وَتَظْهَر و الحَجَرِ الكَرِيمِ يَغُوصُ فِي الأعمَاق ويَختَفِي هَكَذَا الشَّيءُ القَلِيلُ الَّذِي تمتلكه فَهُوَ قَادِرٌ عَلَى أَنَّ يَجعَلَكِ تَعِيشُ فِي سَعَادَةٍ دَائِمَة ومِن المُمكِنِ أَنَّ مَن يمتلك أَشيَاء أَكثَر مِنك أَنَّهُ لَا يَعِيشُ بِسَعَادَة مِثلَك، اِقتَنَع بِمَا لَدَيكَ وَاُكتُفِي بِمَا قَدَرَ الله لَك تَجِد نَفسَك فِي أَفْضَلِ حَال فَكُلُّ شَيْءٍ يَحْتَاجُ إلَى قَنَاعَةٌ ورِضَا؛ لِتَعَيُّش فِي سَعَادَة دَائِمَة أَتَمَنَّى لَو اتَّصَف بِالرّضَا و الْقَنَاعَة ولَا أَحْقِدْ عَلَى أحدٍ، أَتَمَنَّى لَو أَعِيش سَعِيدَة كَمَا أُحِبُّ دُون تَدخُلُ مِن أَحَدِ.

إسراء محمد (فتاة في عالم غريب)

مُناجاة

يا حَبيبِي هَا أنا بَعد خَمس سنواتٍ لم يَنفعنِي عِلمُ الأطبَاء ولا أفادَتني حِكمَةُ الحُكمَاء، ولا أَجداني عَطفُ الأصدِقَاء، ولا آذتنِي شَماتةُ الأعدَاء، وإنما الذِّي يُفيدُني بَعد اشتِدَاد المِحنة كسوة الرضا مِنكَ، ويَنفعنِي بُعد القعود عنك حُسن القدُوم عليكَ، ويُخفف عني جَميل الرعاية لِمن زَرعتهم بِيدكَ، وعَجزت بِمحنتي عَن مُتابعة العِناية بِهم، ومن مِثلك يا حَبيبي في صِدقِ الوَفاء وجَميل الرِّعَاية، وحُسن الخِلافة؟ فَإن قَضيت فِي أمركَ – وهو نَافذٌ فِيَّ لا مَحالة – فهم وأرضهم الطيبة أمَانة عِندكَ، يا مَن لا تَضيع عِنده الأمَاناتِ ولا يَخيبُ فِيه الرَجاء، ولا يَلتمسُ مِن غَيره الرَحمة والإحسان.

إسراء محمد (فتاة في عالم غريب)

كنت تلكَ البَريئة الَّتِي إذَا أَقسَمْت صَدقَت، فَأمَّا الآنَ أنَا أَقسِم ليلاً ونَهَارًا إنَّني بخيرٍ وفِي الحَقِيقَةِ قَد زَالَ الخَيْرِ مِن قَلبِي، كَفَى حقًّا مِن ادِّعَائِيِّ أَن كل شَيْءٌ يَأْتِي كَمَا أُريد وأُودُّ لكن فِي الْحَقِيقَةِ العكس كَانَ الصَّوَابُ "إِذَا أَحْبَبْت شيئًا لَا يَأْتِي أَوْ يَسِيرِ إِلَيَّ أبدًا بَلْ كَانَ يَسِيرُ ضدي" أهكذا الْحَيَاة تعاقبني بِأَن جِئتها بِقَلبِي المسكين والَّذِي لَازَال مسكينًا فتجرحه الْأَقَارِب؟ كل الَّذِين عَاهدوني بِأَن لَن نُترك مِنْهُمْ أَبَدًا أَينَ هُمْ الْآن؟!

نـانـســي مـنـدور الـحـصـري

لستُ أَدرِي هَلْ أَنَا مَللتُ الِانتِظَارِ أَم الِانتِظَار ملّ مِنّي، لازلت أنتظركَ ولازالَ قَلبِي كُلَّ ليلٍ يفتقدُك ورُغم ذَاك الِانتِظَار عَقْلِي يُدرك أَن رُجُوعُك إلَيَّ مُحال فَهَل أَنَا جُننت؟ مَا زِلت أَنْتَظِرُك يَا هَذَا وَأَنَا أَعلَمُ أَنَّك لَن تَأْتِي أَبَدًا عَلَى أَي حَالَ فَقَدْ نَزَف قَلْبِي دماءً أَجْمَع الْحُرُوب الَّتِي يخوضها كُلّ ليلٍ ولَم يَنْسَى حُبُّك بَعْد وفِي كل هَزِيمَة حَرْب كانت الذِّكْرَيَات أَعْدَائِي وأَنْتَ يا هَذَا قَائِدُهَا، هَا أَنَا أَشْتَاقُ إِلَيْكَ وَأَنَا أَدْرِي إنَّ طَرِيقَ الِاشْتِيَاق لَا يُوجَدُ مِنْهُ مفرٌ بَل يُصبح إليّ مُضرٌ وإلَيكَ غَيْرِ مُهمٍ.

نـانـسـي مـنـدور الـحـصـري

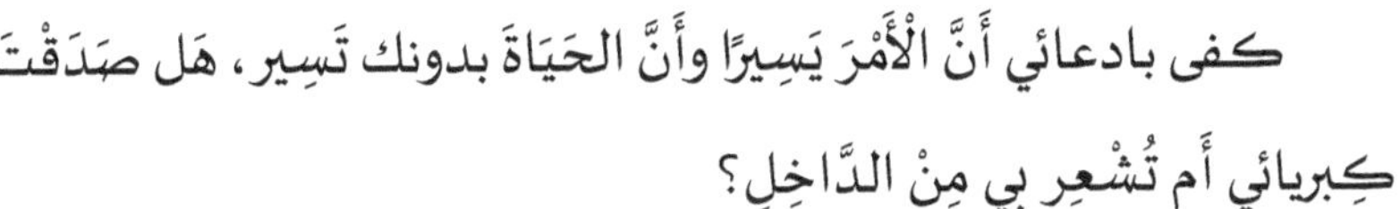

كفى بادعائي أَنَّ الْأَمْرَ يَسِيرًا وأَنَّ الحَيَاةَ بدونك تَسِير، هَل صَدَقْتَ كِبريائي أَم تُشْعِرِ بِي مِنْ الدَّاخِلِ؟

إِيَّاكَ أَنْ تُصدقني أَنَّا لَمْ أَنْسَاكُ بَعْدُ يَا هَذَا، أَدَّعِي نِسيانك فِي العلن بَينَمَا قَلبي فِي الخفى يَرفَعُ رَايَةَ الاستِسلامِ فِي حَربِ الحنَيْن إلَيك، إِلَى مَتَى سأظل أُناديك كل ليلٍ وأَنْت غَافِلٌ عَنْ الْوَعْي عَنِّي أَنَا فَقَط، تُسْمَع وتُشْعِر بكل مِنْ حَوْلِك فلِما أَنَا فَقَطْ لَا تَشْعُرُ بِي؟! أَهَكَذَا تُمَيِّزَنِي؟

أَنْت موطني وملجأي الَّذِي أَوَدّ اللُّجوء إليهِ فِي مُخيلتي حَتَّى تَرْتَاح رُوحِي لكن فِي الْوَاقِعِ أَنْتَ مِنْ تَسَبَّبَتْ فِي كسري كُلِّيًا إِلَى فُتاتٍ لَيْسَ لَدَيْهِ أَي مَنْفَعَةٌ سِوَى خَدَش رُوحِي مِنْ الدَّاخِلِ وجَعَلَهَا مُهمشة.

نانسي مندور الحصري

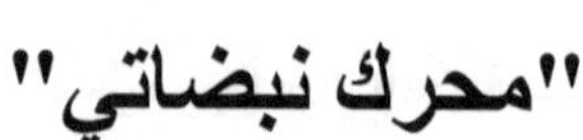

"محرك نبضاتي"

كنتُ أجلسُ فِي الحَديقة أستمتع برؤية الأطفال تَلهُو و تلعب، و لكِن لا أعرف لماذا شعِرتُ بأنني يجب أن أنظرَ نَحوك؟! ويا ليتني لم أنظر؛ لأنِي عندما نظرتُ إليكَ وجدتُ قَلبي تزداد نبضَاته بسرعةٍ، وعندما تلاقت أعيننا شعرت بأن قلبي لم يكن ينبض، ولكن حينما رأى طيفك بدأ ينبض لأجلك، لا أعرف لماذا يَحدث كل هذا؟ فعقلي لا يَستوعِب ما يَحدث ولَكِن قَلبي فَقَد من يعلم أنه أحبك مُنذ تلاقَت أَعيننا، فأنتَ مُحرك نبضاتِي مِن هادئةٍ إلى ثائرة و عاشقةٍ.

رحمة أحمد

"صدق قلبي"

وثقتُ بِأَنَّك لَن تَخذلَنِي ولَكِنَّك فَجأَة اِختَفيت بِدُونِ أن تُخبِرَنِي مَا هُوَ سَبَبُ اختفائك، وأصْبَحَ كُلُّ مِنْ حَولِي يَقُولُون بِأَنّك قَد اسْتَغنَيْت عَنِّي لَكِنَّنِي انتظرتك، ووَقَفتُ فِي وجُهِم أَقُولُ لَهُم بِثِقَة إِنَّك تحبني ولَن تَخذِلَنِي أبدًا، ولَكِن يالا العُجْب! لَقَد طَال غيابك وكَثرَة ظنُونهم بِأنّك قَدْ نَسِيَت وُجُودِيٌّ وأَنَا أيضًا رغمًا عَنِّي أصبَحت أَشُكّ بِأَنَّك ستعود وأَصْبَحْتَ فِي صراعٍ بَين قَلبِي وَعَقْلِي، فعقلي يقولُ لَقَد نساك ولَكِن قلبِي يَقُولُ أَنا أَشعَرَ بِهِ أَنَّهُ يَقُولُ انتظريني فَأَنَا قَادِم إليكِ، وقَد صَدَقَ قَلْبِي فَأَنْتَ قَدْ أَتَيْت، ولَم تَخْذُلْنِي كَمَا قَالَ الْجَمِيع عَنْك.

رحمة أحمد

ما هي السعادة

ما هِي السَعادة؟!

هَذا السُؤال الذِي تم طَرحه فجأةً مِن أحدِ الأصدِقَاء جعلَ الجَميع يتوقفون عَن التَحَدُثِ لكِن لم تَمُرْ إلا ثَوانٍ قليلة وقَد استوعَب الجَمِيع هذا السُؤال وبَدأوا يتسَابقون في الردّ عليه مِنهم مَن قالَ: أنه الحُب، ومِنهُم مَن قَال أنه الرِضا، والكَثِير مِن الأشياءِ الأخرى الجَميع استوعب هَذا السُؤال إلا أنا الجَميع يَعرف مَعنى السَعَادة إلا أنا، أنا الوَحِيدة التي لا تَعرِف مَا مَعنى السَعادة، الجَمِيع يَتَحدث إلا أنَا الوَحِيدة الصَامِتة.

رحمة أحمد

"لقد سئمت"

حسنًا سأعترف، فَأَنَا لَا يُمْكِنُنِي الكِتمَان أَكثَرَ مِنْ هَذَا أَنَّا أُحِبُّك ولَا تَسْأَلْنِي لِمَاذَا؟ فَأَنَا حقًا لَا أَعرِفُ فكُلُّ مَا أَعرِفُهُ إنّي أَصبَحتُ أَحَبّ تِلْك الابْتِسَامَة الَّتِي تخصني بِهَا، وأَصبَحت أَحَبّ صَوتَك الهَادِئ وأَنتَ تَقُولُ إنَّنِي أَسْتَطِيع النَّجَاح، أَصْبَحْت أنتَظَر زِيَارَتَك اليَومِيَّة لِي فَأَنْت أَصْبَحْت كُلّ اهتمامي أَجَّل أَنَا أَعْرَفُ بِأَنّي كَالْأُخْت بِالنِّسْبَة لَكَ وَأَنَّ تِلْكَ الابتِسَامَة مِنْ الْأَخِ لِلْأُخْت، ولَكِنْ لَا أَسْتَطِيعُ الْإِخْفَاء أَكْثَرَ مِنْ هَذَا، فَأَنَّا قَد سَئِمت فَأَنت لستَ بِأَخِي ومشاعري هِي مَشَاعِر حُبٍّ وَلَيسَت مَشَاعِر أَخُوه.

رحمة أحمد

مللتُ الانتظار

أنتظرك وأنتَظَر وانتَظِر حَتَّى مللتُ الِانتِظَار وملَّ الِانتِظَار مِنِّي، وأَنتَ لَم تَعُد حَتَّى الْآنَ أَنَا أَتَذكُر صَوتَك بِدَاخِل عَقلِي وهُوَ يَقُولُ انتظريني سَوف أَعُود، ولَكِن لَمَّا لَم تَقُل بِأَن الِانتِظَار سَوف يَطُول؟ لَمَّا لَم تَقُل بِأَنَّك ستغيب كُلُّ هَذَا الوَقتِ؟! أَنَا حقًا لَا أَعرِفُ مَا مَعْنَى الِانتِظَارِ بِالنِّسْبَة لَك؟! هَل هُوَ الِاشتِيَاق إِلَيْكَ وَأَنْت بَعِيدٍ كُلَّ هَذَا البُعد أَم أَنَّهُ تَوَقَّفَ الزَّمَن عِند لَحظَة ابتعادك حَقًّا لَا أَعلَمُ لَمَّا أَنتَظِرُك كُلُّ هَذِهِ المُدَّةِ وَ لَكِنِّي أَعلَمُ بِأَنَّنِي قَد سَئِمت الِانْتِظَار، وكُلُّ هَذِهِ السَّنَوَات تَمر وأَنتَ لَم تَعُد أَظُنّ بِأَنَّنِي سَوف أتحرر مِنْ هَذَا الْوَعْدِ وأتوقف عَنْ الِانْتِظَارِ.

رحمة أحمد

موطني

أحببت عَيْنَيك أَنَّا لَا أعرِفُ مِنْ أَنْتَ ولَا أَعْرِفُ حَتَّى مَا هُوَ اسمُكَ وَلَكِنِّي وَقعَتْ فِي عَشِق عَيْنَيك كَيْفَ لَا وَهِي تسحرني، حَتَّى الآنَ أنا أتذكُر أوَّلِ لِقَاءٍ بَين أعيُنِنَا كُنْت حِينهَا أَجلِسُ فِي ذَلِكَ المَقْهَى تائهة، أَجلِس بِدُون مَوْطِن أَعُودُ إِلَيْهِ، أَجْلِس شَارِدَة الذِّهْن أبْحَثْ عَنْ مَوْطِنٍ فِي جَمِيعِ الْوُجُوهِ لَكِن عِنْدَمَا نَظَرْت أَمَامِي رَأَيْتُك و تَقَابَلَت أعيُنِنَا وحِينهَا فَقَد شعرتُ بِأَنِّي قَد وُجِدَت موطني المَفْقُود مُنْذُ ذَلِكَ الوَقتِ وَأَنَا آتِي كُلَّ يَوْمٍ إِلَى ذَلِكَ المَقْهَى؛ كَي أَرَاك يَا موطني الذِي لَا أَعْرِفُ مِن يَكُونُ، ولَا يعرفُ هُوَ مِنْ أَنا.

رحمة أحمد

ناشدوا

كفَى اختبائًا خَلفَ حُب كَفى تَذَمُّرًا ورَهبةً مِن اللا شَيء تَفوهُوا بِما أخبَئتهُ أفئدتكُم مِن قهرٍ وألمٍ، كَفى اسدلوا السِتار عَمَّا يَحدث أفصِحوا كَفاكُم طَحنًا لأنفُسِكم، نَاشِدُوا بِكُلِّ مَا قَد سُلب مِن حُقوقِكم السَاحات تنتظركم و المولى إلى جَانب.

ابتسام قحطان صالح

رُبما اختبارًا

وَطَني، رُبما مَا ذُقته مِن مُرٍ وأَلَمٍ فانٍ و لَيس بِدائمٍ، رُبما ذَلِك السُم الَّذِي دَستهُ لكَ الْأَيَّام سَيتحول إِلَى زهورًا، رُبما ذَلِك العلقم الَّذِي ابتلعتهُ أركانُك وخَلَايَا أراضيك ونَسَمَات غُيومك سيتحول إِلَى ورودًا تَسُرُّ النَّاظِرِينَ، رُبما مَا مَر عَلَيْك مِن أهآتٍ وأحزانٍ كَانَتْ مُؤَقَّتَةً وقَد يحين مَوْعِد رَحِيلُهَا، رُبما ذَلِك الْخَرَاب كُلهُ مُجرد اختبارًا مِن الله؛ لِيَرَى مَدَى عزيمتك وقُوَّة جلادتُك، رُبما كُلُّ مَا حَدَثَ ومَا قَدْ يَحْدُثُ؛ لَيُخْبِرُنَا إنَّ اللَّهَ يُخبئ لَنَا فِي ثَنَايَا الدَّمَار عوضٍ كَبِيرٌ عوضٍ يُتَعَجَّب لهُ كُل مِنْ زَرْعٍ بُذور الشَّرَّ فِي هَذَا الوَطَن.

ابتسام قحطان صالح

أنا يمني ..

قُلهَا وأنتَ مُفعَم بالفخرِ، مُكبلٌ بالاعتِزَاز

مَليئًا بِكُل مَعَاني الانتماء و العِزة والأباء

قُلها وأنتَ هَكَذا شَامِخ الهَامة مَفتُول الأكتاف رَافع رآية العز في شَتَى ملامحُك، قُلهَا وَيحكَ إن استَعرت

قُلها مُتَفَاخرًا

أنا يَمني يا سادة .

ابتسام قحطان صالح

ظَلَام الْحَرْب

أن يلاحقك الظَّلَام وأن تُشعِرُ بِأَنَّ شَيئًا مَا يخنقك عِندَ تَذَكُّرِه قَد يَكُونُ ظَالِم دامِس لذكريات مَا مُوحِشَة، لِذكريات مخيفه تَتَمَنَّى إلَّا تَتَكَرَّر؛ لِأَنَّ مُجَرَّدَ فَقَط الذِّكْرَى ترعبك وتَسَبَّب لَكِ الوَيلُ يخيفك حقًا ذَاك الْمَاضِي ومَشَاكِلِه فَقَطْ إن تَحيَا تَحْتَ ظِلِّ مُسَمَّى سنعيش يَوْمِنَا ولَا نَعْلَمُ غدًا أَيْن سنكون، أَن تدمرك الحَرب تمامًا وتُدَمّر أحلامك وطموحاتك، أَن تَجْعَلُك إنْسَانٌ بِلَا هَوِيّه فَقَط؛ لِأَنَّك غادرت وطنك مغادرتنا لَهُ كَانَتْ رَغمًا عَنَّا وَلَيسَت باختيارنا مجبرين أَن نغادر هَذَا الوَطَنِ الَّذِي ترعرعنا بِهِ فَقَطْ لنعيش بِسَلَام وَأَمَانٌ، ذِكْرَيَات الْحَرْب وَأَصْوَات مدافعها وضَرَبَات رصاصها حَقًّا أَصْبَحْت مِنْ مخاوفنا الكُبْرَى إلَّا نَستَحِقّ الْعَيْش بِهُدُوء بِسَلَام بِأَمَان، إلَّا نَستَحِقّ أَن نحلم مَا نُرِيدُ ونَسْعَى لِتَحْقِيق ذَلِك الحِلْم الْمَجْهُول، إلَّا نَسْتَحِقّ أَن نَتَمَنَّى ونَسْتَطِيع تَحْقِيق تِلْك الْأَمَانِي، إلَّا نَسْتَطِيع بِأَن نحلم أَنْ تَجتَمِعَ تِلكَ الْأَسِرَّة الْمُبَعْثَرَة فِي كُلِّ أَرْضٍ تَحْتَ ظِلِّ سَقْف وَاحِد؛ لنجتمع عَلَى نَفْسِ مَائِدَةِ الطَّعَامِ لنتشارك أفراحنا و أتراحنا سَوِيًّا أَصبَح جُل همنا تِلْكَ الْأَرْضِ الَّتِي تَجْمَعُنَا معا لتتعالى أَصْوَات ضحكاتنا؛ لنحتسي القَهْوَة الْجَمِيلَةِ مِن يَدِ جَدَّتِي ونَسمَع الحكاوي والْقَصَص والرِّوَايَاتِ مِن لِسَانٍ جَدِّي ، ونَلْعَب مَع عَمِّي وَ نمزح مَع عَمَّتِي لنختبئ مِنْ الْأَطْفَالِ خَلْفَ ظهرٍ أَبِي وَنحتمي بِه كَالعَادَة هُو السَّنَد لَنَا، كَم دمرتنا الحَرب ودمرت مَا بداخلنا، وأَحْلَامَنَا، وآمَالِنَا .

مريم محسن الصالحي

عوض رَبِّي

يعوضك رَبّك كثيرًا بِأَشخَاص تُحمَد رَبّك عَلَيْهِم تُدْرك إنّك كُنت مَحْظُوظًا جِدًّا عِندَمَا دَخلُوا حَيَاتِك تُدرك حقًّا أَنْ نِعَم الله كَثِيرَةٌ عَلَيك وُجُودِهِم رَاحَة، وضحكتهم سَعَادَة، وقُربِهِم طُمَأْنِينَةٌ، وفَرْحَتهم بِسُمِّه عُمَر، حقًّا هُمْ لَكَ السَّنَد وهُمْ لَكَ الْعَوْن والمَدَد هُم لَكَ الظُّهرِ وَالْكَتِف حِين تَسْتَنِد عَلَيْهِم، تَعْلَم حقًّا أَنَّهُم سيسندونك ولَن يخذلونك أبدًا وأَنهُم بِجَانِبِك دَومًا ومَعَك فِي أَصْعَب لحظاتك.

مريم محسن الصالحي

الأمل عُنْوَانِيٌّ

لطالما كَانَت ثِقَتِي بِرَبِّي كَبِيرَةً كَانَ حَسَنَ ظَنِّي بِهِ أَكبَر كُنت دَائِمًا أَقُول لِنَفسِي لَا تيأسي ذَاكَ الَّذِي أَخرَجَك مِن جَنح الدُّجَى سينير حَيَاتِك مَرَّةً أُخرَى ستعود الْمِيَاهِ إِلَى مَجَارِيهَا وسنعود نَحْنُ كَمَا كُنَّا وأَسْعَد فَقَط دُعِي أَمْلِك وثقتك بِرَبِّك، صلتك بِرَبِّك هِي مِفْتَاح حَيَاتِك فَلَا تُضيعي ذَاك الْمِفْتَاح الثَّمِين.

مريم محسن الصالحي

"أنصاف"

سوفَ تَصِل إلى تِلكَ المَرحلَة التِي تَحدق فِي الأشياء بِفرَاغٍ مُجَّوف، وإلى الأشخاصِ باللا شَيء فعلاً، تكتب القصيدة ولا تكملها تُعد كُوب القَهوة ولا تشرب منه سِوى القَليل، تَقرأ الكِتاب بدَايته ولن تُغرِيك بَقِية الصَفَحَات، تَشترِي المَلابس الجَديدة وتَرمِيها دُون تَجربتها حَتى، ترسم اللَّوحة ولا تُكمِلُها لِتكتشِف بَعدها أنها تُشبِهك.

أنتَ اللوحَةُ

وأنتَ القَصِيدةُ

والكِتَابُ

والمَلابِسُ

وكُوب القَهوة البَارِد

وجَمِيع الأشياء الغَير مُكتَمِلة ..

سَتعلم حِينَهَا أنَكَ " جُثة " لم تُدفَن.

أسماء أحمد الحسامي " ألفٌ وسماء "

" كانَ انتظارًا "

لم تعُد تَنتَظِر شَيئًا أنتَ الذي وَقَفت على قَارِعةِ الطَريق طَويلاً، ومَكثت تترقب قِطَار المَجيء إلى أن عَبرَ مِن فَوقِكَ بِسُرعةٍ طَيرت أحلامَك فِي الهَواء، أنتَ الذِي نَاجَيتَ الأمَلَ بِصَوتٍ وَاهِنٍ، مُرتَجفٍ، وحَزينٍ وكَان اليَأس نَصِيبكَ أنتَ الذِي بَقيتَ تَرتَجِي مِنَ الأيام فُرصَة عُبورٍ للأمان ومِن الحَياة فُرصَة عَيش، وكَان رَجَاؤكَ خَائِبًا مِثلُكَ تَمامًا، لم تَعُد تَنتَظِر شيئًا أنتَ الذِي أمَات الانتِظَار كُل شَيء فِيكَ وأمَاتَكَ.

أسماء أحمد الحسامي " ألفٌ وسماء "

" لعلها الأمنية الأخيرة "

فِي القَلبِ أُمنيةٌ أن نَعبرَ الطَرِيق بِخِفَةٍ لا بِثُقلِ الأيامِ والسِنين، أن يَبقى الليل ليلاً لا صُندوق ذِكريات و مَخزُون أوجَاع، أن تَعتَلي شَمس الصَباح ابتسَامة رِضا، أن تَعتَبِرَ الأشياء مِنَّا بِرِفقٍ، أن نَنَامُ .. نَنَامُ حقًا لا أن تَنَام أحلامُنا.

أسماء أحمد الحسامي " ألفٌ و سماء "

"أُفَضلُ صَدِيقٍ بِالنِّسبَةِ لِي"

الصَّديقُ الحَقِيقِيُّ هُوَ الذِي يَقِفُ بِجَانِبِكَ وَيدعَمُكَ إِلَى النَّجَاحِ وَهُوَ الَّذِي يُحِبُّكَ مِنْ قَلبٍ صَادِقٍ وَلَم يَخذلكَ فِي أَيِّ وَقتٍ تَحتَاجُ إِلَيه فِيهِ وَهُوَ يُحَاوِلُ أَنْ يُسْعِدَكَ بِأَيِّ شَيْءٍ فَقَطْ أَنَّهُ يُرِيدُ إِسْعَادَكَ وَهُوَ الشَّخْصُ الْوَحِيدُ الَّذِي يُسمَعُكَ وَيُعطِيكَ حِلٌّ مِنْ غَيرِ مُقَابِلٍ وَلَكِنَّهُ دَائِمًا صَدِيقُكَ الْمُفَضَّلُ الَّذِي لَا تَعِيشُ بِدُونِهِ أَبَدَ الأَبَدِ وَأَنَّهُ أَخُوكَ الَّذِي لَمْ تُنْجِبْهُ أُمُّكَ وَرَفِيقُ دَرْبَكَ وَرَفِيقُ عُمْرُكَ بِأَكْلَمِهِ وَدَائِمًا هُوَ سَنَدٌ لَكَ.

"أَجَلْ أُحِبَّكَ مِنْ كُلِّ قَلْبِي يَا صَدِيقِي"

يمنى محمد "زهرة الأقحوان"

"حُلْمِي الصَّغِيرِ"

لِتنتَظِرَ رسُوبِ شَخصٍ وَلِتَنْظُرَ لِلْفَشَلِ آخَرَ وَلَكِنِ اعلَم مِنْهَا وادرِكْ وَانْظُرْ إِلَى أُمْنَيْتِكَ الصَّغِيرَةِ الَّتِي سَتُولَدُ مَعَكَ حَتَّى كِبَرَكَ وَتُصبِحَ حُلْمًا تَستَطِيعُ الْوُصُولَ إِلَيْهِ وَلَكِنْ مَعَ الاِجْتِهَادِ الْكَامِلِ الْمُتْعَبِ؛ لِأَنَّ النَّجَاحَ لَيسَ سَهلًا بِالْمَرَّةِ وَلَكِنْ أُدرُسْ وَاجْتَهَدَ؛ لِيُصبِحَ حُلُمُكَ الصَّغِيرُ هَدَفَكَ فِي الْحَيَاةِ دَائِمًا، وَإِنَّ عَلَيْكَ السَّعْيَ لِلْوُصُولِ إِلَيْهِ يَا صَدِيقِي.

يمنى محمد "زهرة الأقحوان"

"عَشْ بِقَلْبِكَ الطَّاهِرِ"

سَاعَدَ مِنْ أَشَدِّ الِاحْتِيَاجِ وَوَاسِي مَنْ يَحْتَاجُ الْمُوَاسَاةَ، انْصُرْ الضَّعِيفَ اجْعَلْ فِعْلَ الْخَيْرِ دَائِمًا هُوَ طَرِيقُكَ الدَّائِمُ وَالْأَبَدِيُّ كَالتَّنَفُّسِ وَلَا تَرَى انْكِسَارَ عَيْنِ الْفَقِيرِ أَمَامَكَ وَإِذَا صَدَقْتَ بِقَوْلٍ مَا لَا تَحْلِفُ عَلَيْهِ كَثِيرًا وَتَذْكُرُ دَائِمًا أَنَّكَ تَتَعَامَلُ مَعَ الكَرِيمِ وَلَا تَنْتَظِرُ الثَّنَاءَ وَ العُلَى على أَي خَير فَعَلتُهُ أَو تَفعَلُهُ.

يمنى محمد "زهرة الأقحوان"

"الْعَالِمُ اللَّعِينُ"

أَنَّنَا وَلَدْنَا فِي عَالَمٍ مَلِيءٍ بِالكَذِبِ وَالنِّفَاقُ لَا يدرُونَ وَلَا يَعرِفُونَ مَعنَى الرَّحمَةِ هُم يُدرِكُونَ وَيَعرِفُونَ القَسوَةَ وَتَحِنُّ الْمُضطَرُّونَ مِنْ هَذَا الْعَالَمِ اللَّعِينِ الْقَاسِيَةِ الَّذِي لَا يَعْرِفُ غَيرَ القَسْوَةِ وَالظُّلْمِ وَ نَحْنُ نُهِينُ وَيُستَهَانُ بِنَا وَنَحْنُ نَعِيشُ فِي وَجَعٍ دَائِمٍ وَظُلْمٍ وَحِينَ يُقَالُ نَحنُ مُدَلِّلُونَ وَلَكِنْ كَسَرُوا قُلُوبَنَا الصَّغِيرَةَ وَأَحلَامُنَا الَّتِي أَصبَحَتْ تَائِهَةً لَا مَصِيرَ لَهَا؛ بِسَبَبِ وُجُودِنَا فِي عَالَمٍ لِعَيْنٍ.

يمنى محمد "زهرة الأقحوان"

" عَاهَدْتَنِي وَ خَليتَ وَكُنتُ أَظُنُ أَنَّكَ وَفيْتُ"

عَاهَدتَنِي بِأَنَّكَ سَتَظَلُ صَدِيقِي حَتَّى وَإن كانتَ الْأَيَّامَ تُرِيدُنَا مُفَارِقِينَ وَعَدتَنِي بِأَنَّكَ لَن تُرَافِقَ غَيرِي بِقَدرِ حُبِّكَ لِي وَخَلَّيْت، وَعَاهَدتَنِي بِأَنَّكَ لَا تَتَخَلَّى وَتَخَلَّيتَ وَقَولتَ لِي أَنَّكَ صَدِّيقٌ صَدُوقٌ وَأَنْتَ لَا تَعرِفُ مَعنَى الصِّدقُ فَخَلَّيتَ، أَعرفتَ يَاصِدِيقِي مَا هِيَ الصَّدَاقَةُ قَبلَ أَنْ تُعَاهِدَ وَتَخَلَّى، الصَّدَاقَةُ تُرِيدُ فَقَطْ قَلْبَ صَدُوقٍ وَ شَخْصٍ صَدُوقٍ، احْسَاسٍ صَدُوقٌ، وَعْدٌ صَدُوقٌ، وَرَفِيقٌ صَدُوقٌ عِنْدَمَا يَلْمِسُ الدَّمْعَ خَدِّيٌ يُسقِطُ الحُزنَ عَلَى قَلبِهُ، عَاهَدتَنِي بِأَنَّكَ ستكونَّ رَفِيقُ عُمرِي وَرَفِيقُ الدربِ وَرَفِيقُ بَاقِي الْمِشْوَارِ وَأَنْ لَنْ أَتَخَلَّى عَنْ حُبِّكَ أَبَدًا وَأَنْتَ حَقًّا وَفِيْتَ بِوَعْدِكَ الصَّادِقِ يَا حَصَادَ الْعُمُرِ كُلِّهِ، أَنْتَ مَلَاذِي وَكَيَانِي الْخَاصُّ.

يمنى محمد "زهرة الأقحوان"

"التفاؤل هو سر النجاح"

صَباحُكَ لِسعيكَ ووصُولكَ لِطريقةٍ مَا هي فِي ذَاتِها نَجَاح عَظِيم علَيكَ أن تكُون فَخور دَائمًا بِنَفسكَ وعَليكَ أن تَكتَسب طاقةٌ إيجابية وحَماسٌ رَائِع جدًا ولَكِن عليكَ أن تَعلَم أنَّ الله يَضع لَك مَوضع اختبار وأن تكون في هذه المكانة الرائعة وأنتَ دَائمًا تسعى للوصُول نَحوه وسَتَصل نحوه في وَقت مُعَين وعَليك أن تَكون فِي ضَغطة معينة، اعلَم أنَّ الله بِجانبك ومُحِيط بكَ واعلم أَنك سَتصِل لِهدفٍ مَا وهَذا هو النَجاح الحقيقي وعليكَ أنَّ صَباحك دَائمًا يكونُ فِي تفائلٍ.

يمنى محمد "زهره الاقحوان"

عَينَاكَ الساحِرتَانِ أَيُّهَا السَّاحِرُ، عَينَايَ تَلَاقَت فِي عَينَاهُ كَانَت نَظَرَاتُنَا مَلِيئَةً بِالحُبِّ وَالذِي أَشَدَّنِي لَهُ أَكثَرَ أَنَّ عَينَاهُ تَلمَعُ مِثلَ اللُّؤْلُؤِ وَالْأَكْثَرُ أَنَّنِي أُحِبُّ اللُّؤْلُؤَ أَيْضًا وَكَانَتْ عَيْنَاهُ مِثْلَهُ، أَنِّي عَشَقتُ عَينَاهُ بِكُلِّ تَفَاصِيلِهَا أَرَى فِي عَينَاهُ ابْتِسَامَةً وَحَبَّ لِي بِمُجَرَّدِ النَّظَرِ فِي عَيْنَاهُ أَنْسَى مِن أَنَا وَمَنْ أَكُونُ، وَمِنْ أَيْنَ أَنَا، وَكَيْفَ أَقِفُ أَمَامَ هَذِهِ الْعَيْنَانِ السَّاحِرتَانِ، بِمَعْنَى أَنَّنِي الْآنَ مَسْحُورَةٌ بِجَمَالِ عَيْنَاهُ لِدَرَجَةٍ أَنَّنِي نَسِيتُ مِنْ أَنَا أَنَّ الْحُبَّ جَعَلَنِي أَفْعَلُ أَشْيَاءَ رَائِعَةً مَعَهُ وَأَيْضًا مَعَ عَيْنَاهُ الْجَمِيلَاتَانِ اللَّامِعَتَانِ.

نانسي محمد

الْخِذْلَانِ ..

الخِذلَانُ أَمْرٌ صَعبٌ يَمُرُّ بِهِ الإِنسَانُ مِثْلَ مَا مَرِيتُ بِفَتْرَةٍ قَدْ تَكُونُ أَصْعَبَ مِنْ الصَّعْبِ قَدْ تَعَرَّضَتْ لِلْخِذْلَانِ مِنْ أَكْثَرِ شَخْصٍ كُنْتُ أَتَمَنَّى أَنْ أُكمِلَ حَيَاتِي بِأَكْمَالِهَا، إِنَّ الْحُبَّ قَدْ خَذَلَنِي كُنْتُ أَظُنُّ أَنَّ الْحُبَّ أَجْمَلُ شَيْءٍ فِي الْحَيَاةِ وَلَكِنَّهُ بِالنِّسْبَةِ لِي أَسوءُ شَيءٍ؛ لِأَنَّهُ خَذَلَنِي وَلَكِنَّنِي فَهِمتُ أَنْ قَد انضَحَكَ عَلَيَّ مِنْ شَخصٍ لَا يَفهَمُ مَعْنَى الْحُبِّ وَأَنَّ الْحُبَّ شَيْءٌ جَمِيلٌ وَلَكِنَّ الْحَبَّ يَأْتِي مِنَ الْأَشْخَاصِ الْخَطَأ وَلَا يَعْرِفُونَ مَا هُوَ مَعْنَى الْحُبِّ، نَصِيحَةٌ مِنِّي لَكَ" لَا تَثِقُ بِالحُبِّ الَّذِي يَخرُجُ مِنْ الشَّخْصِ الَّذِي أَمَامَكَ بَل مِن المُمْكِنِ أَنَّهُ لَا يَعرِفُ مَعنَى الحُبِّ مِنْ أَسَاسِهِ".

نانسي محمد

أَفْضَلُ صَدِيقٍ ..

كُنْتُ وَحِيدًا حِينَ جَاءَ لِلبَيتِ جَدّي وَأعطَانِي هَدِيَّةً وَهِيَ هَاتِفٌ جَدِيدٌ كُنتُ سَعِيدَةً حِينَمَا رَأَيْتُ الْهَاتِفَ حَتَّى أَتَمَكَّنَ مِنْ التَّصَفُّحِ عَلَى مَوَاقِعِ التَّوَاصُلِ الاجْتِمَاعِيّ وَبِالْفِعْلِ قَدْ حَمَلَتْ كُلُّ الْبَرَامِجِ الإِلِكْتِرُونِيَّةِ وَتَعَرَّفَتْ عَلَى صَدِيقَةٍ جَدِيدَةٍ كَانَتْ لَطِيفَةً، وَعِنْدَمَا تَعَرَّفَتْ عَلَى صَدِيقَةٍ أَيْضًا جَدِيدَةٍ فِي الْحَقِيقَةِ رَايتْ أَنَّ الإِلِكتِرُونِيَّةَ أحسَنُ بِكَثِيرٍ وَتَفْهَمُنِي وَأَفهَمُهَا أُحِبُّهَا وَتُحِبُّنِي، إِنَّ الْأَصْدِقَاءَ الإِلِكتِرُونِينَ هُم أَفضَلُ بِكَثِيرٍ مِن الَّذِي تَمَّ التَّعَايُشُ مَعَهُمْ لِفَتَرَاتٍ طَوِيلَةٍ، حِينَمَا كُنْتُ وَحِيدَةً جَائَتْ الَّتِي تَعَرَّفَتْ عَلَيْهَا مِن مَوْقِعِ التَّوَاصُلِ الاجْتِمَاعِيّ جَعَلَتْنِي لَا أَحْتَاجُ ايَّ شَيْءٍ مِنْ الْحَيَاةِ إِلَّا هِيَ، صَدَقَتْ الْمَقُولَةُ الَّتِي تَقُولُ: "أَنَّ الْمَرْءَ يَتَعَافَى بِصَدِيقِهِ".

نانسي محمد

عَالَمٌ آخَرُ

فِي عَالَمٍ آخَرَ لَا يَعْلَمُ الكَثِيرَ هُنَاكَ حَيثُ يَكْمُنُ الجَحِيمُ اللَّامُتِنَاهِيُّ حَيثُ تسْمعُ الصُّرَاخَ كَمَعْزُوفَةٍ لَا تَنْتَهِي حَيثُ تَكُونُ الدُّمُوعُ هِيَ المصدرُ الوَحِيدَ لِلمِيَاهِ حَيثُ يَكُونُ الدَّمُ هُوَ اللَّونَ الوَحِيدَ الَّذِي يُلونَ ذَلِكَ العَالَمَ البَاهِتَ بَابٌ خَفِيٌّ مُقْبِضٌ مِنَ النَّارِ وَهَا أَنَا الْآنَ فِي أَعْمَاقِ نَفْسِي لَا أَجِدُ سِوَى قَلْبٍ مُحَطَّمٍ رُوحٍ مُشَوَّهَةٍ لِأَقْصِي دَرجَةِ ظَلَامٍ دَامِسٍ كَانَ نَتِيجَتُهُ خِيَانَةَ كُلِّ مَنْ سَلَّمْتُهُمْ قَلْبِي بَقَايَا عَفوِيَّتِي الَّتِي أَخَذَهَا حَبِيبٌ وَ غَادِرٌ وَ لَا يُوجَدُ أَي أَثَرٍ لِلسَّعَادَةِ هُنَاكَ بِدَاخِلِيّ عَالِمٍ يُشْبِهُ عَالَمَ الأَمْوَاتِ قَلبِي أَصبَحَ عِبَارَةً عَنْ مَقْبَرَةٍ دُفِنَت بِهَا كُلُّ مَشَاعِرِي الْجَمِيلَةِ وَوَضَعْتُ غَضَبِي وَلِامْبَالَاتِي لِحِرَاسَتِهَا لَمْ أَعُدْ أَرَى انعِكَاسِي فِي الْمِرْآةِ، فَقَطْ أَرَى جُثَّةً حَيَّةً تَمْشِي تَتَنَفَّسُ تَتَعَايَشُ مَعَ الْبَشَرِ لَكِن بِلَا رُوحٍ بِلَا ابْتِسَامَاتٍ بِلَا مَشَاعِرَ.

"ياسمين صلاح " آلفرعونه

مشوهة لأقصى الحدود

كَم أتمَنَى لو أن ينتَهِي عذَابِي الذِّي يأكلنِي وأعودُ كَما كُنت، كم أتمنَى أن تنتهي الصَرخات التِي تهزُ العَالم مِن شِدتها وتعودُ ضَحِكاتي العَالية، كم أتمَنَى أن يتوقف ذلكَ السيل الذي ينزلُ من عيناي وتعودُ لمعة السعادة لمكانها من جديد، كم أتمنَى أن يعودُ تفكيرِي الإيجابِي ويحِلُّ مَحل الجَحِيم الذَّي يَدُورُ فِي عَقلِي، كم أتمنَّى لَو لَم أكُن أنَا .

ياسمين صلاح " آلفرعونهہ "

❀❀❀❀❀

نِهَايَةُ الْعَالَمِ

لَقَدْ وَصَلَتْ لِنُقْطَةِ مَا بَعْدَهَا هُوَ اللَّا شَيْءُ، هُنَاكَ حَيْثُ أُحْرَقَتْ نِيرَانُ قَلْبِي كُلَّ شَيْءٍ، حَيْثُ لَمْ يَعُدْ سِوَى الْجَحِيمِ الَّذِي صَنَعَهُ عَقْلِي لَاحِيًا بِهِ، هُنَاكَ حَيْثُ أَجْلِسُ وَحِيدَةً وَ أَنَا أَنْظُرُ نِهَايَةَ مَدِينَةِ السَّعِيدَةِ وَهِيَ تَسْقُطُ جُزْءٌ فِي جُزْءٍ وَلَمْ يَتَبَقَ مِنْهَا سِوَى أَنْقَاضٍ تُذَكِّرُنِي كَمْ أَنَّ هَذِهِ الْحَيَاةَ قَاسِيَةٌ.

ياسمين صلاح " آلفرعونهہ "

أَحْبَبْتُهُ لِلنِّهَايَةِ وَ مَا بَعْدَهَا

كَيْفَ أَصِفُ وَجَعِي وَأَنَا تَخَطَّيتُ الْوَجَعَ مُنْذُ زَمَنٍ طَوِيلٍ، كَيفَ أَقُولُ أَنِّي أَحْبَبْتُهُ عَلَى الرَّغْمِ مِن عِلمِي بِأَنَّهُ سَيُغَادِرُ أَم أَقُولُ أَنِّي عَشَقتُهُ عِشقٌ لَا مُتَنَاهِي وَهُوَ عَلَى حَافَّةِ النِّهَايَةِ، أَم أَقُولُ بِأَنَّهُ غَادَرَ مُنْذُ زَمَنٍ وَمَا حَبَّهُ يَرْضَى أَنْ يَبْرَحَ مَكَانَهُ فِي قَلْبِي، أَمْ أَقُولُ أَنِّي أَغمِضُ عَينَايَ وَأَشعُرُ بِعِنَاقِهِ الدَّافِئِ وَمَا هُوَ عَلَى هَذِهِ الْأَرْضِ سِوَى نَسَمَةِ هَوَاءٍ عَابِرَةٍ، مَا بِكَ يَا قَلْبِي لَيْسَ أَوَّلَ الْبَشَرِ وَلَا آخِرُهُمْ، لَكِنْ أَتَعَلَّمُ أَمْرَ أَنِّي فِعْلًا أَشْتَاقُ لَهُ مَعَ كُلِّ نَفْسٍ يَمْلَأُ رِئْتَايَ مَعَ كُلِّ ابتِسَامَةٍ عَابِرَةٍ تُزَيِّنُ ثَغْرِي مَعَ لَحْظَةٍ جَمِيلَةٍ مَرَّت وَأَنَا أَتَذَكَّرُهُ، إِنِّي بِالْفِعْلِ أَشْتَاقُ لَهُ .

ياسمين صلاح " آلفرعونـهـ

الصَّمْتِ

الصَّمْتُ هُوَ اللُّغَةُ التِي يُمَارِسُهَا الْجَمِيعُ، مِنَّا مَنْ يَصمُتُ عَلَى أَلَمِهِ وَ يَقُولُ لَنْ يَتَفَهَّمَنِي أَحَدٌ وَمِنَّا مَنْ يَصْمُتُ عَلَى حَقِّهِ وَيَقُولُ لَستُ قَوِيًا كِفَايَةً لِأَطْلُبَهُ، وَمِنَّا مَنْ يَصْمُتُ عَلَى ظُلْمِهِ لِنَاسٍ وَيَقُولُ لَسْتُ الْمُخْطِئُ، فَهَذِهِ الْحَيَاةُ إِمَّا أَنْ تَكُونَ وَحْشًا تَفْتَرِسًا أَوْ ضَعِيفًا تُفْتَرِسُ، وَمِنَّا مَنْ يَصْمُتُ عَنْ حُبِّهِ وَيَقُولُ بِالتَّأْكِيدِ لَنْ يُحِبَّنِي أَحَدٌ فَمَا أَنَا سِوَى نَكِرَةٍ لَا تُقَارَنُ بِأَحَدٍ جَمِيعِنَا نُمَارِسُ الصَّمْتَ لَكِنْ بِأُسْلُوبٍ مُخْتَلِفٍ وَأَسْبَابٍ مُخْتَلِفَةٍ وَجَمِيعُنَا نُمَارِسُهُ فَقَط خَوْفًا مِنْ أَنَّنَا الْمُخطِئُونَ.

ياسمين صلاح " آلفرعونهہ

دَوَّامَةُ عَقْلِيٌّ

يَكَادُ عَقْلِيٌّ يَنْفَجِرُ أَلَمًا مِن التَّفْكِيرِ لِمَا أَنَا مِنْ بَيْنِ كُلِّ الْبَشَرِ كَانَت بِدَايَتِي تَعِيسَةً كَنِهَايَتِي، فَلَسَفَتِي الْحَزِينَةِ لَا تُشْبِهُ ابتِسَامَتِي الْبَشُوشَةَ، لِمَا يَظُنُّونَ أَنَّ لَمْعَةَ عَيْنَايَ فَرْحَةً وَ لَيسَت أَلَم يَحطِمْ قَلْبِي وَيَغرِزُ بِهِ خَنَاجِرَ مِنْ نَارٍ تَأْكُلُ كُلَّ جُزْءٍ سَلِيمٍ تَبْقَى بِهِ، لِمَا مَدِينَةُ عِشْقِي أَصْبَحَتْ جَحِيمَ لَا مُتَنَاهِي لَا يَشْتَهِيهِ أَحَدٌ، لِمَا أَصْبَحَتْ بَارِدَةً هَشَّةً غَيْرَ نَافِعَةٍ، أَصْبَحَتْ مُجَرَّدَ تَجْسِيدٍ لِلْأَلَمِ الَّذِي يَتَلَقَّاهُ الْبَشَرُ نَتِيجَةَ ثِقَتِهِمْ، لَوْحَةً وَمَعْزُوفَةٌ عَنْ وَجَعِ الْخِيَانَةِ أَوْ رُبَّمَا مُجَرَّدُ إِنْسَانَةٍ حَمْقَاءَ ظَنَّتْ أَنَّهَا فِعْلًا وُجِدَتْ مَنْ يُحِبُّهَا، لَيسَ لَدَيَّ إِجَابَةٌ عَلَى أَيٍّ مِنْ أَسْئِلَتَيْ الْغَرِيبَةِ، رُبَّمَا سَتَظَلُّ مَجْهُولَةً غَيْرَ مَعْلُومَةٍ كَمَا حَيَاتِي بِالضَّبْطِ لَيْسَ لَهَا مَعْنًى وَلَا يَشْتَهِيهَا أَحَدٌ وَلَا يَوَدُّ الْعَيْشَ فِي جَحِيمِهَا حَتَّى مَنْ فَقَدُوا حَيَاتَهُمْ.

ياسمين صلاح " آلفرعونـهـ

لا زالَ صوتك في ثَنايا مَسمَعي والشوقُ في صَدري يُفتتُ أضلعي لو أَخبرتُكِ عن مَدى حُبِّي لكِ لن تَستطيعينَ إبرام الأمر، فَحُبِّي لكِ فاق عِشق الأُم لابنها، افتِراقي عنكِ يجعلني أشعُر كَمَن أُصيب بالجوادِ مِن شدةِ الظَمأ، رؤيتُكِ تُصيب قلبي بالتَهلُّل، و البَهجة كالطِفل الرَضيع الذي عاد لكَنفِ أمّه بعد غيابٍ، دومًا ما أرى في وجودكِ الطُمأنينة الباذِخة وفي فُراقكِ الأسى والظَلام، والآن شَوقي لرؤيتكِ بات جَليلًا؛ فمتى اللقاء يا حبيبة الفؤاد؟!

مَـريَم سـامِح مُحمَّـد

صَيحاتُ ألم تهرب مِن داخلي بكل ما فيها من قوة وإرهَاق شديد يظهر على جسدي أقبعِ في مكاني -بمُفردي- حول عالم مُمتلئ بالفوضَى والنِزاع، أنظر حولي بدهشةٍ وارتياب أهذا هوَ العالم الذي يُوصف بأنه مليء بالتَعاون والمَحبة؟!

" أين الأحِباء، أين الأصدقاء، أين الأهل؟"

سؤالٌ يتردد داخل ذِهني، يُهلكُني شيئًا فَشيئًا أُنهِك بَدني من القمعِ المُتزايد يومًا بعد يوم، لا أتمكَّن مِن البُكاء، ولا يُوجد مَن يتفرّغ لي؛ كي أُفرغ عمّا بداخلي أَيقنتُ أنني لستُ مُحببة لِقلب شخصٍ واحد في كُل هذا العالم الضخم، وحتى طائري ذاك الذي كُنت أُخبره هَمّي خذلني وذَهب بعيدًا عني وجعل نِياط قلبي يتقطّع مِن القَمْع الذي باتَ بداخله.

مَـريَم سـامِح مُحمَّـد

أَعسانٌ مِن الوَرق المُتطاير، وأعسان كُتبٌ عَهِدت جميع أوقاتي وما مَررتُ بِه مِن حُزن، وألم، وسعادة كتبٌ أجد فيها السُكون والأمان، كتبٌ باتت لي خدينًا، دائمًا ألجأ إليها عِند الآلام، وأجد فيها كُلّ ما يتساءل عنه الأطيبان، أَرى فيها الجواب والصواب، والمَقيل العازِل عَن المُهجَة الخادعة دائمًا كُنت على علمٍ بأن الخدين الحقيقي هو شخصٌ مثلنا، لكن خديني أنا كان تلك الكُتب، فَهي الخدين الذي لا تُهدِر وقتكَ مَعه فَكَيف لشخصٍ أن يحيا دون القراءة؟

فالقراءة تجعلنا مُميزين دونًا عن غيرنا

ولكن مع الأسىٰ أتفوَّه بِأنَّه "أضحت الكُتب مَنبوذة، و الارتداد إليها باتَ نادرًا، وأصبح الأطيَبان مُتقاعِسان".

ولكن سأرتَدُّ مرةً أُخرى، كَما لو أن شيئًا لَم يكن.

مَـريَم سامِح مُحمَّـد

إلى متى

سكر: إلى مَتى يا لَوز سَنبقى معًا ؟

لوز: إلى أن تَفقد الأرض جَاذبيتها و يَخسر الفضَاء وحدته إلى أن يَجف البَحر مِن مائِه، وتتنفسُ أسمَاكُه الصَعداء، إلى أن تُحلق زهور الأقحوان، ويَفصَح طَائر السِّمَان عَن مَوعِد الرَحِيل، بَل إلى الأبَد يا سُكر.

حكيمة عبده أحمد

نَجْمُ قَلْبِيٌّ غيرُ آفِلٍ

نَجمِي هُوَ كَنْزٌ ارتَضَاهُ الْخَالِقُ أَنْ يَكُونَ شَرِيكًا لِلرُّوحِ قَبْلَ أَنْ يَكُونَ شَرِيكًا لِلْحَيَاةِ يُجِيدُ فَنَّ التَّدلِيلِ وَ الدَّلَالِ وَمَعَهُ يُصَاحِبُنِي شُعُورَ الْأَمَانِ أَينَمَا حَلَلْتُ، هُوَ دِفْءُ الصَّيْفِ بَيْنَ بُرُودِ الشِّتَاءِ وَ نَسَمَةِ رَبِيعٍ يَفُوحُ عَبَقَ رِيحِهَا المُنعِشِ فِي أَرْجَاءِ قَلْبِي المُزْهَرِ حُبًا يَسْتَمِدُّ الْقَمَرُ ضَوْءَهُ مِنْ وَهَجِهِ المُتَلَأْلَأُ فِي كَبِدِ السَّمَاءِ، هُوَ وَتِينُ الْقَلْبِ عِنْدَ ذِكْرِهِ تُشّعُّ نُجُومُ الْأَرْضِ قَاطِبَةً لِمَحْيَاهُ، هُوَ نَجْمِيْ اللَّامِعِ الْبَاقِي عَمْرًا وَ الْمُشِعُّ دَهْرًا.

حكيمة عبده أحمد

دَمْعَةٌ بَائِسَةٌ

تَرَكْتُهُمْ فِي غَفلَتِهم يَتَبَاهَونَ بِمَعْرِفَتِهِمْ لِي جَيِّدًا لَكِنَّ جزءًا مِنَ الْقِصَّةِ لَا يَعرِفُهُ أَحَدٌ يَرَوْنَ فَقَطْ الْجَانِبَ الْمُضِيءَ وَالعَظِيمَ، وَلَا يُدْرِكُون أَنَّ مَا خَفِيَ أَعْظَمُ، لَحَظَاتُ شُرُودٍ أَعِيشُهَا كُلَّ يَوْمٍ ، تَائِهَةٌ فِي عَوَالِمِ اللَّاوَعْيِ وَضَيَاعٍ لَا مُتَنَاهٍ يَجُوبُ أَرْجَاءَ قَلْبِي الْمُنْهَكِ لِتَسقُطَ دُمُوعٌ قَدِ اسْتَأْمَنَتْ عَيْنَايَ بِأَن لَا تُسْقِطَهَا لَكِنَّهَا خَذَلَتْهَا وَ تَرَكَتْهَا تَهْطِلُ مَنْ عَلَيْهَا؛ لِتُعْلِنَ عَنْ ضَعْفِي وَنَفَاذِ صَبْرِي لِمَنْ لَا يُدرِكُونَ مَاهِيَّتَهَا قَدْ تَحَطَّمُ قَارِبِي بِمُنْتَصَفِ الطَّرِيقِ وَتَسَاقَطَتْ أَوْرَاقُ عُمْرِي فِي أَوْجِّ رَبِيعِهَا ، وَمَنْ يُدرِكُ؟!

حكيمة عبده أحمد

جَمِيلَةُ الثَّانِي مِنْ فَبْرَايِرَ

كَعَادَتِهَا كُلَّ صَبَاحٍ تَنْهَضُ؛ لِتَرَى أَوَّلاً انعِكَاسَهَا الزَّاهِيَ عَلَى مِرآتِهَا الْمُستَدِيرَةِ وَعَلَى وَجْهِهَا ابْتِسَامَةٌ مُشْرِقَةٌ تُضِيء مَا بَينَ الْمَجَرَّاتِ شَرقِيَّةً تَتَلَذَّذُ بِقِطْعَةِ سُكَّرٍ فِي فِنْجَانِ قَهْوَتِهَا التُّرْكِيَّةِ، مَائِسَةُ الْخُطَى يَقْطُرُ الشُّهْدُ مِنْ أَنَامِلِهَا الْأُمْلُودَةِ الْمُشَبَعَةُ بِالْحُمْرَةِ مَصْدَرُ السَّنَاءِ اللَّامِعِ فِي حَيَاتِي ذَلِكَ الْبَهَاءُ الَّذِي تَحمِلُهُ تَحملُ صِفَاتِ كُلِّ مَا يُوصَفَ وَيُقَالُ مَدحًا وَ طِرَاءً فِي الجَمَالُ وَالدَّلَالُ نَعَمْ، إِنَّهَا جَمِيلَةٌ شُبَاطٌ الَّتِي تَحْمِلُ قَلْبًا يَنْشُرُ عَبَقَ حَنَانِهَا فِي الْأَرْجَاءِ؛ لِيُصْبِحَ مُتَنَفِّسِي الْوَحِيدِ خَمِيلَةَ الدَّارِ أَهْوَىِ إِلَيهَا عِنْدَ التَّعَبِ وَوَقْتِ الظمأ وَالسُّهْدِ وَ العَنَاءُ بِاخْتِصَارٍ، هِيَ فَتَاةٌ تَاتِي بِالْمُحَالِ، فَمُنذُ رَأَيْتُهَا قَد أَحبَبتُهَا لَا مَحَالَ.

حكيمة عبده أحمد

مَا وَرَاءَ الْحُبِّ

يَحْدُثُ هُنَاكَ الْكَثِيرُ مِنْ التَّصَنُّعِ وَالظُّهُورِ بِحَالٍ غَيْرِ الْحَالِ الْحَقِيقِيِّ مَتَى يَحْدُثُ ذَلِكَ؟ عِنْدَمَا نَقَعُ فِي الْحُبِّ يُسْدَلُ كُلٌّ مِنَّا سِتَارَ الْمِثَالِيَّةِ وَالْكَمَالُ عَلَى كُلِّ الْعُيُوبِ وَالْمَسَاوِئِ؛ لِنَظْهَرَ بِشَخصِيَّاتٍ مَلَائِكِيَّةٍ زَائِفَةٍ لَا تَمُتُّ لِلْوَاقِعِ بِصِلَةٍ كَأَنْ تُصْبِحَ ذَلِكَ الْفَتَى النَّبِيلَ الْكَرِيمَ الذِي سَيفرِشُ الأَرضَ وَردًا وَأَن تُصبِحِي تِلكَ الْفَتَاةُ البَشُوشَةُ الْمَرِحَةُ الضَّاحِكَةُ الَّتِي لَا تَعْبِسُ كُلُّ ذَلِكَ زَيْفٌ وَتَصْنَعٌ كَتَصَنُّعِ صَيَّادٍ يَدّعِي اللُّطْفَ لَوْهْلَةً لِغَرَضِ الْإِيقَاعِ بِفَرِيسَتِهِ يَجِبُ أَنْ نَعِيَ الزَّيْفَ الَّذِي يَكْمُنُ خَلْفَ كَوَالِيسِ الْحُبِّ الَّذِي نَعِيشُهُ، فَهُنَاكَ الْكَثِيرُ مِنْ الْعُيُوبِ الَّتِي لَا يَخْلُو مِنْهَا بَشَرٌ عِنْدَ مُعَاشَرَتِهِ عَنْ قُرْبٍ، فَلَا تَقَعُ فِي فَخِّ شَخصٍ يَدّعِي الْكَمَالَ فَحَتمًا لَنْ يَكُونَ الِاخْتِيَارُ الْأَنْسَبُ، هُوَ فَقَطْ يَسْتَطِيعُ التَّمْثِيلَ بِاحْتِرَافِيَّةٍ، فَالْكَمَالُ فَقَطْ لِلَّهِ الْوَاحِدِ الْقَهَّارِ.

حكيمة عبده أحمد

مَعًا كُنّا

يَئِنُ القَلبُ وَيَخرُجُ عَنْ صَمتِهِ بِحُزنٍ قَدْ أَحْرَقَ حَاضِرِي بِرُمّتِهِ، وَبَوحُ الرُّوحِ قَدْ أَفصَحَتْ عَنْهُ مَلَامِحٌ قَدْ تَوَسَّدَتِ الْأَرَقَّ مُلْجِئًا لَهَا؛ لِتَستَدرِجَنِي آهَاتٌ تُخْرُجُ صَمْتِي عَنْ صَمْتِهِ وَأَجْهشُ فِي الْبُكَاءِ تبًا لِرَحِيلِكَ فَقَدْ مَزَّقَ رَحِيلَكَ أَنْسِجَةَ قَلْبِي وَامْتَلَئْتُ بِالْحَيرَةِ دُونَ اكْتِرَاثٍ مِنْكَ، تبًا لِرَحِيلِكَ الَّذِي نَكَثْتَ بِهِ عَهْدَكَ وَأَشْعَلْتَ بِهِ بَرَاكِينًا تَكَادُ أَنْ تَنْفَجِرَ وَقْتَهَا كُنَّا مَعًا، وَكُنْتُ أَظُنُّ أَنَّنِي لَنْ أُخيبَ فَقَدْ عَقَدْتُ جُلَّ آمَالِي وَأَمَانِيَّ بِمَنْ اعْتَبَرْتُهُ يَوْمًا أَمَلِي الْمَشْرِقَ وَسِنْدِي الَّذِي لَا يَنْكَسِرُ، عُقِدَتُ آمَالِي يَوْمِهَا بِمَنْ ظَنَنْتُ يَوْمًا أَنَّهُ لَنْ يَخْذُلَنِي لَكِنَّهُ فَعَلَ، وَالْيَوْمَ كُلٌّ مِنّا يَسِيرُ فِي دَرْبٍ مُخْتَلِفٍ، بَعْدَ أَنْ كُنّا مَعًا.

حكيمة عبده أحمد

مَأْسَاةُ قَلْبٍ

حَدَّثَنِي قَلْبِي ذَاتَ يَوْمٍ بِأَنَّ لِصَبْرِي ثَمَنٌ، فَحَيْثُمَا وُجِدَ الصَّبْرُ وُجِدَتِ الْفَضِيلَةُ، لَكِنْ وَقْتَهَا كَانَ قَدْ اسْتَبَدَّ بِيَ السُّهْدُ وَأَبَى النَّوْمُ أَنْ يَطْرُقَ أَبْوَابِي الْمُهتَرِئَةِ كُنْتُ أَنْظُرُ لِلشَّوْكِ، لَا لِجَمَالِ الْوَرْدِ كُنْتُ أَتَذَوَّقُ الْجُذُورَ الْمُرَّةَ مِنَ الصَّبْرِ لَا ثِمَارَهُ الشَّهِيَّةَ، كُنْتُ أَعِيشُ كَقِنْدِيلٍ نَفَذَ مِنْهُ زَيْتُهُ، فَحَتْمًا لَنْ يُضِيءَ لَقَدْ اخْتَلَجَ فِي قَلْبِي الْأَلَمُ وَ أَنَا تَائِهَةٌ ضَالَّةٌ لَا أَرَى مِنَ الْحَيَاةِ سِوَى أَتْعَابِهَا وَمَآسِيهَا لَم أَكُنْ وَاعِيَةً تَمَامًا بِمَا أُمِرَ بِهِ وَمَا وَصَلَتْ إِلَيْهِ لِتَدَرُّجَ الْحَالِ بِشَكْلٍ غَيْرِ مَلْحُوظٍ، لَكِنَّ قَلْبِي قَدْ أَنْهَكَتْهُ أَتْرَاحِي وَأَحْزَانِي وَآلَامِي وَحَالِي غَيْرِ الْمَأْلُوفِ، أَنْهَكَهُ عَبُوسُ وَجْهِي وَكَسْرَةُ خَاطِرِي وَهُرُوبِي مِنْ كُلِّ مَا يُبْهِجُ وَ يُحَاوِطُ الرُّوحَ بِالسَّعَادَةِ وَالْأَمَانِ، حَتَّى خَرَجَ عَنْ صَمْتِهِ وَيُمْسِكُ بِزِمَامِ الْأُمُورِ، فَأَنَا لَمْ أَعُدْ صَالِحَةً لِذَلِكَ.

حكيمة عبده أحمد

أَحلَامٌ عَلَى رَفِّ الْإِهْمَالِ

أَحلَامُنَا هِيَ مُتَنَفَّسُنَا وَسَعَادَتُنَا الَّتِي لَمْ نَعْشْهَا بَعْدُ، فَبَرِيقُ حُلْمٌ قَد يُضِيءُ لَنَا عَتَمَةُ الطَّرِيقِ الْمُظْلِمَةِ لِنَتَجَاوَزَهَا بِكُلِّ سَعَةٍ صَدْرٍ وَنَسْتَمْتِعُ بِالْمَسِيرِ تَجْعَلُنَا نُكَافِحُ عَلَى أَعْتَابِ أَرْضٍ مَشَى عَلَيْهَا كُلُّ مَنْ تَجَاوَزَ سَوَادَ الْأَيَّامِ الْعِجَافِ إِلَى أَكْثَرِهَا تَفَحُّمًا

لِمَ يَا تُرَى ؟

لَنْ أُخفِيَ عَلَيكُم فَقَدْ قِيلَ لِي: أَيَا رَفِيقٌ هُنَا كَافِحْ مِنْ أَجلِ لُقْمَةِ الْعَيْشِ فَقَطْ لَا مَجَالَ لِلْحُصُولِ عَلَى الْخَمِيلَةِ الْجَمِيلَةِ، وَ ذَلِكَ الْمُتَنَعِّمُ التَّلِيُّ الْمُوسِرِ لَنْ تُصْبِحَ عَلَى حَالِهِ قَطٌّ فَأَحْلَامُنَا تُسَاعِدُنَا عَلَى أَنْ نَسْتَيْقِظَ مُتَفَائِلِينَ عَلَى أَمَلِ الْوُصُولِ إِلَيْهَا فِي يَوْمٍ مَا، لَكِنَّ مُحَاوَلَةَ الْوُصُولِ لَهَا قَدْ يُكَلِّفُكَ الْكَثِيرَ.

حكيمة عبده أحمد

مَزِيجٌ مِنْ فَرَحٍ

تَتَرَاكَمُ اللَّحَظَاتُ السَّعِيدَةُ فِي مَنزِلِ الْأَحْلَامِ الَّذِي نَعِيشُ فِيهِ مَلِكَتُهُ " أَمٌ " وَزْنُهَا ذَهَبٌ يُشّعُّ بَرِيقِهِ فِي كُلِّ زَاوِيَةٍ مِنْ زَوَايَا دَارِنَا الْبَهِيجِ الْمَغْمُورِ بِحِنَانِهَا الدَّافِئِ حَتَّى نَمْتَلِئَ بِالطُّمَأْنِينَةِ وَ تَكْتَمِلُ بَهْجَةُ يَوْمِنَا الْمَلِيئِ بِالْفَرَحِ بِعَوْدَةِ وَالِدِي ذُو الوَجهِ الْمُسْتَنِيرِ مُتَبَسِّمًا وَحَامِلاً مَعَهُ الْكَثِيرَ مِنَ الْخَيْرِ وَ الْفَرَحِ، ذَلِكَ الَّذِي نُحْلّقُ بِجَنَاحَيْهِ، الرّزْخُ الثَّابِتُ، وَحَامِي الظُّهْرِ، وَسَنَدْنَا مَدَى الدَّهْرِ؛ لِذَا قَدْ خُلَقْنَا لَا نَمِيلُ إِلَّا لَهُمَا وَلَا نَنطَفِئُ أَوْ نَنْكَسِرُ بِقُرْبِهِمَا وَمَعَهُمَا نَكُونُ مَا نُرِيدُ.

حكيمة عبده أحمد

«أُداوِي قَلْبِي بِيَدِي»

أُحَاوِلُ أَنَّ أُداوِيَ هَذِهِ الْآلَامَ بِمُفردِي، فَأَنَا أَمَامَ الجَمِيعِ سَعِيدَةٌ وَ لَا مَثِيلَ لِي مِنْ الْمَرَحِ أَنَا وَحدِي، وَحْدِي أَشْعُرُ أَنَّ فِي عَيْنَايَ أَنْهَارٌ مِنْ الدُّمُوعِ لَا أَعْرِفُ إِيقَافهَا فَأَنَا أُحَاوِلُ أَنْ أُرَمِّمَ هَذَا لَكِنْ لَا أَعْرِفُ، أُحَاوِلُ أَنْ أَنْسَى مَا حَدَثَ فَإِنَّ عَقْلِي قَدْ تَشَتَّتُ مِن كَثْرَةِ التَّفْكِيرِ فَأَنَا خَائِفٌ، خَائِفٌ مِن كُلِّ شَيءٍ يَجرِي لِي لَا أَعْرِفُ لِمَاذَا لَكِنْ أَشعُرُ أَنَّ حَيَاتِي كُلّهَا مَصَاعِبُ وَ لَا يُوجَدُ شَيْءٌ سَهْلٌ، فَإِنَّ الْحَيَاةَ تُرِيدُ شَخْصٌ قَوِيٍّ يُعَافِرُ؛ لِيَصِلَ إِلَى مَا يُرِيدُ أَنَا حَقًّا أَرْهَقْتُ، أَشْعُرُ أَنَّ كُلَّ مَا أَفْعَلُهُ لَيْسَ بِصَالِحِي وَ لَا يُوجِدُ أَحَدًا لِيَنصَحَنِي وَ لَا أَشْعُرُ بِأَنِّي أَحْتَاجُ هَذِهِ الْمُوَاسَاةَ أَشْعُرُ أَنَّ دَاخِلِي يَبْكِي لَا أَعْرِفُ كَيْفَ وَ لِمَاذَا وَ لَكِنْ أَعْرِفُ أَنَّ قَلْبِي يُرِيدُ مَنْ يَقِفُ بِجَانِبِهِ يُشْعُرُ بِهِي حِينًا يَتَأَلَّمُ، فَأَنَا حَتَّى أَتْعَبَ مِنْ التَّفكِيرِ أُفَكِّرُ فِي كُلِّ لَيْلَةٍ وَ فِي كُلِّ وَقْتٍ وَ لَا أَعْرِفُ النَّوْمَ أَشْعُرُ أَنَّ كُلَّ مَا أَفْعَلُهُ خَاطِئ وَ أَخَافُ مِنَ الْمُستَقْبَلِ نَعَمْ أَنَّهُ فِي عِلمِ الغَيبِ وَ اللَّهُ يُقَدِّرُ لَنَا الْأَفْضَلَ فَوَاللَّهِ انا مُتعِبٌ حَقًّا.

ندى إبراهيم

«لَيْتَ الزَّمَنُ يَعُودُ»

لَيْتَ الزَّمَنَ يَعُودُ بِي كَمَا كُنْتُ لَيْتَ كُلَّ شَيْءٍ كَالسَّابِقِ وَلَيْتَنِي لَمْ أُكَبِّرْ أَبَدًا، فَأَنَا الْآنَ وَحِيدٌ؛ فَالجَمِيعُ الْأَن يَعِيشُ نَفسَ الشُّعُورِ فَإِنَّ الْكُلَّ يَغْرَقُ وَالبَعضَ قَلْبُهُ يَتَحَطَّمُ وَيَنْكَسِرُ وَالْبَعْضُ يَتَمَنَّى أَن يَعُودَ الزَّمَنُ وَالْآخَرُ يَفْقِدُ الْأَمَلَ وَلَكِنْ لَا أَحَدَ يَتَكَلَّمُ فَإِنَّ الْكِتْمَانَ الصِّفَةُ السَّائِدَةُ لِلْكَثِيرِينَ، فَأَحْيَانًا يَكُونُ مِنْ الْأَفْضَلِ اللُّجُوءُ إِلَى الْوَحْدَةِ وَالصَّمْتُ وَالْهُدُوءُ فَلَا شَيْءَ أَفْضَلُ مِن الِانْعِزَالِ عَمَّا يُؤْذِيكَ، فَإِنَّ هَذِهِ الْحَيَاةَ مَلِيئَةٌ بِالصِّعَابِ لَا يُوجَدُ شَيْءٌ سَهْلٌ فَكُلُّ شَيْءٍ يُرِيدُ المُجَازَفَةَ، فَأَنَا مُحطَمٌ أَشْعُرُ أَنَّ قَلْبِي يَنْزِفُ وَلَا يَتَوَقَّفُ يُرِيدُ أَنْ يَصْرُخَ وَيَقُولُ ارْحَمُوا هَذَا الْقَلْبَ الضَّعِيفَ فَإِنَّهُ قَدْ هُلَكَ، فَلِمَاذَا لَا أَحَدَ يُشْعُرُ بِي فَأَنَا أُرِيدُ لِمَنْ يَقِفُ بِجَانِبِي أُرِيدُ مَنْ يُلَائِمُ هَذِهِ الْجُرُوحَ، أُرِيدُ مَنْ يَتَفَاهَمُنِي مَنْ يَشْعُرُ بِي وَ بِانْكِسَارَاتِي وَضَعْفِي وَقِلَّةِ حِيلَتِي، فَأَنَا أَتَأَلَّمُ كَثِيرًا وَلَا أَحَدَ يُشْعُرُ بِهَذِهِ الْأَلَامِ، فَإِنَّ وَجَعِي لَا يُؤْلِمُ أَحَدٌ فَلِمَاذَا أَتَحَدَّثُ؟.

ندى إبراهيم

«وحدي»

هَل مِن أحدٍ هُنا، هَل أحد يَشعُر بِي وبآلامِي، فأنا مَسجُون دَاخِل أعمَاق عَقلِي بينَ أسوارِ لا أعرفُ الخُروجَ مِنها، فهَذه الحَياة أعِيشُها عَلى أمَل الخُرُوج مِن هذه الأسوَار أتَحطم كُل لَيلة لا أحدٌ يَشعُرُ بِي، لا أحدٌ يَهتَم بِي هَذا لَيس أنَا، فَأنَا أسكنُ دَاخِل صُندوقٍ مِن الزُجَاجِ، أرَاهُم لكِن لا يرُونني، قَلبِي يَتحَطم أريدُ الصراخ أشعرُ بنزيفٍ دَاخلِي لا يَتوقَف مِن كَثرةِ الحُزن .

ندى ابراهيم

«صراخ من القلب»

أنَا مُحَطَمٌ أشعُر أنَّ قَلبِي يَنزفُ ولا يَتوقَفُ يُرِيد أن يَصرخُ ويُقول ارحَمُوا هَذا القَلبُ الضَعِيف فَأنهوا قَد هُلكَ، لِمَاذَا لا أَحدٌ يَشعُر بِي؟ فَأنَا أريدُ مَن يُعالِج هَذَا، أُرِيد مَن يَتفَاهَمنِي مَن يَشعُر بِانكسِارِي و ضَعفِي، فَأنَا أتألَم كَثِيرًا أَشعُر كَأنَّ هُمُوم العَالم فِي دَاخِلي أُرِيد البُكَاء أُرِيدُ مَن يَتفَاهَم هَذَا التَعَب فَأنَا مُتعَب أُرِيد مَن يُخَفِف عَنِي هَذا التَعب قَلبِي مُحطَم أسمَع انكِسَارُه فِي كُل لَيلَةٍ فَمَتَى سَيَرحَل هَذا العَذَابُ مَتَى.

ندى إبراهيم

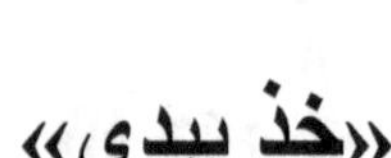

«خذ بيدي»

الإنسانُ يُريد مَن يُشعِرُه بالأمَان يُريد قَلب يَنبضُ مِن أجلِه يُريد الحُب الذِي لم يَرَه مِن أحدٍ، عِندمَا يَكُون حَزينًا يُرِيد أن يَشكِي هَمه لأحدٍ، عِندمَا يَكُون سَعِيدًا يُريد أحدًا يشَارِكه هَذِه السَعادة نَحن خُلِقنا مِن طِينٍ لَسنَا مِثل الحَجَر الذِي يَتَحمَل ولا مِثل الجِبَال لتثبت دُون انهيار، نَحنُ بَشرٌ نَبكِي كَثِيرًا وتَوجع كَثِيرًا نُرِيد مَن يُلائِم هَذِه الجُروح أَحد يَشعُر بِنا لا يَتجَاهلنا، أحدٌ عِندمَا نَفرحُ نَذهَبُ إليه؛ لِيَفرح مَعَنا فَهُناكَ أشخَاص تُحِب لقائهما تُحِب الحَدِيثَ مَعَهُم.

ندى إبراهيم

«لا تَترُك يَدِي»

أيَتخَلَى المَرء يَومًا عَمَّا يَهوَاه فَقَط مِن أَجلِ حَبِيب؟ فَإنَّ الفُرَاق مِثل النَار لا يَشعُر بِه إلا مَن اكتَوى بِنَارِ الفِراق وإذَا قررت يَومًا أن تَترُك حَبيبًا فَلا تَترُك له جُرحًا ولا ألَمًا، فَمَن أعطَاني قَلبًا لا يَستحِق مِنَّا أن نغرسُ فيه سَهمًا مِن الآلامِ أو نَترُك له لَحظَة اشتِياق لنَا، ومَا أجمَل أن تَبقَى بيننا الذِكريَات الجَمِيلة وإذَا فَارقت بَيننا الأيام فَلا تَتذكَر غَير كُل مَشاعِر الصِدق والحُب، ولا تَتَحدث عَنه إلا بِكُل خَيرٍ.

ندى إبراهيم

«خَبَايَا الْقَلْبِ»

قِمَّةُ الحُزْنِ أَن تَبْتَسِمَ وَ فِي عَينَيكَ أَلْفَ دَمْعَةٍ قِمَّةُ الْأَلَمِ أَنْ تَسكُتَ وَفِي قَلْبِكَ جُرْحٌ يَتكَلَّمُ قِمَّةُ الِاسْتِغْرَابِ أَن تَنْجَرِحَ مِمَّنْ تُحِبُّ قِمَّةَ التَّحَدِّي أَنْ تَعْشَقَ مَنْ لَيْسَ لَكَ قِمَّةُ الْوَفَاءِ أَنْ تَنْسَى جُرْحَ مَنْ تُحِبُّ، قِمَّةُ الحُبِّ أَنْ يُجْبِرَكَ الصَّمْتُ عَلَى الْكَلَامِ فَيَعْجِزَ الْكَلَامُ عَن التَّعْبِيرِ فَتَصمُتْ يَتَسَلَّلُونَ دَاخِلَنَا وَيمْتَلِكُوا قُلُوبَنَا فَأَتَنَفَّسُ بِهِمْ وَنَرَى بِأَعْيُنِهِمْ وَتَنْبِضُ بِقُلُوبِهِمْ وَنَشْعُرُ بِأَجْسَادِهِمْ وَنَتَكَلَّمُ بِحُرُوفِهِمْ وَدُونَ أَنْ نَدْرِيَ يُصْبِحُوا لَنَا الْحَيَاةَ وَنَكْتَشِفُ أَنَّنَا لَهُمْ مُجَرَّدُ أَدَاةٍ لِإِسْعَادِ قُلُوبِهِمْ، أَحْتَاجُ هَوَاكَ فِي هَذِهِ الْأَوْقَاتِ مِنْ الْحُزْنِ وَ الْآهَاتِ أَحْتَاجُ لِاحْتَوَاكَ فِي هَذِهِ اللَّحَظَاتِ مِنَ اللَّهْفَةِ وَالِاشْتِيَاقُ قَلْبِي يَتمَنَّاكَ وَ يَعْشَقُكَ وَيَهْوَاكَ وَعَيْنِي تَتَسَائَلُ هَلْ يَوْمًا تَرَاكَ وَفِي هَذَا الْمَسَاءِ لَا أَحْتَاجُ سِوَاكَ، هَلْ لِلْوَدَاعِ مَكَانٌ أَمْ أَنَّهُ سَفِينَهُ بِلَا شُرَاعٍ يَا لَيْتَ الزَّمَانِ يَعُودُ وَاللِّقَاءُ يَبْقَى لِلْأَبَدِ وَ لَكِنْ مَهْمَا مَضَيْنَا مِنْ سِنِينَ سَيَبْقَى الْمَوْتُ هُوَ الْأَنِينُ وَ سَتَبْقَى الذِّكْرَيَاتُ قَامُوسٌ تَتَرَدَّدُ عَلَيْهِ لَمَسَاتُ الْوَدَاعِ، وَالْفِرَاقُ، وَالْمَوْتُ هُوَ الْبَقَاءُ، اللِّقَاءُ لَيْسَ إِلَّا بِدَايَةَ الْفِرَاقِ يَأْتِي أَحَدٌ لِيُفَرِّقَنَا.

ندى إبراهيم

«مَا قَصَدْتَ الْهُرُوبَ مِنْكَ بَلْ قَصَدْتَهُ إِلَيْكَ»

فَأنتَ مِنِّي وَمَسكَنِي أَنتَ الْحَنَانُ وَالْقَلْبُ الدِّفْءُ، فَأَنَا أَذْهَبُ إِلَيْكَ فِي فَرَحِي وَفِي حُزْنِي أَنْتَ مَلجَأِي وَمُرَادِي فَأَنتَ حُبِّي الْأَوَّلُ وَالْأَخِيرُ أَنْتَ تَسكُنُ فِي أَعْمَاقِ قَلْبِي وَفِي تَفْكِيرِي فِي كُلِّ الْأَوْقَاتِ، فَأَنَا لَمْ أُحِبَّ غَيْرَكَ وَلَمْ أَعْشَقْ غَيْرَكَ، فَأَنَا أُحِبُّ النَّظَرَ إِلَيْكَ وَإِلَى ابتِسَامَتِكَ وَإِلَى حَدِيثِكَ فَبَعضُ النَّاسِ يَرَوْهُ شَيْءٌ مُمِلًّا وَالْأُخَرُ يَرَوْهُ بِلَا فَائِدَةٍ لَكِنْ أَنَا غَيرُهُم هَذِهِ الابْتِسَامَةَ تَجْعَلُنِي مِثْلَ الْأَمِيرَةِ الَّتِي تَمْلِكُ كُلَّ شَيْءٍ وَإِلَى هَذِهِ الْأَحَادِيثِ فَهِيَ تَكُونُ اللُّطْفَ الْأَحَادِيثَ مِنْكَ .

ندى إبراهيم

" وحدي أضوي عتمتي "

وها قد حلَّ الظلام وظَهر قَمرٌ مَعه من الحكايات ما يكفي والمَاضي يُعاد كَشريط من الذكريات منها الحُلو و مِنها السَقيم، و تبدأ رحلة التأمل فيما مَضى والسُهد يزداد مع مرور الحكايات، فمرة نبكي وأخرى نبتسم، وأخرى نَضحك من الحماقات التِي كُنا نرتكبها، ومرةٌ نضحك من سَذاجة اختياراتنا عندما كنا غير مدركين، وأخيرًا نبتسم فَخرًا لما نحنُ عَلَيه الآن وبأنَنا قَد اجتزنا كُل الصعاب .

رفاء محمود

"خبايا قلبى"

أسيرٌ في ثَنايا الجِبال البُنِّية في عينيكِ، أسيرٌ في عشق حفرةٍ بين وجنتيكِ، مغرمٌ بقسَمات وجهكِ البريئة، وبِتبسمكِ الذي ينير العالم ببسمةٍ صافيةٍ أخذت كلّ الجمال، أنا حقًا مغرمٌ بكِ وأسيرٌ لحظة كنتِ فيها سعيدةً وتضحكين .

رفاء محمود

"غمرة عشقي"

لقد مرَّ الزَمان وأنتَ يا قَلبِي لازلتَ مُشتاقًا، وكُلمَا رَاهنت عَلى النِسيان مَع ظُهوره تَنقلب المَوازِينَ، أيا قَلبُ حَقًا وصل بك العشقِ، أيا قَلبُ أحقًا لا تَمِل ولا تكِل مِن وَجع المَعشوقُ؟

ظَهَر الحَبيب و معهُ قلبى يفيض شوقًا وفرحًا لكِن الحُزن لازالَ مخيّمًا؛ لأن الحَبِيب مُهاجرٌ.

رفاء محمود

الْحَبُّ.

لَوْ كَانَ الْحَبُّ عِبَارَةً عَنْ كَلِمَةٍ لَكُنْتَ كَتَبْتَ عَنْكَ فِي قِصَصٍ وَرِوَايَاتٍ تُحْكِي لَيْلًا عَنْ قِصَّةٍ مَا بَيْنَ الْوَاقِعِ وَ الْخَيَالِ لَكِنَّ هَذَا كَانَ لِأَجْلِنَا وَاقِعِيًا لَكَانَتْ هَذِهِ الْقِصَّةُ انْتَشَرَتْ عَنْ أَلْفِ لَيْلَةٍ وَ لَيْلَةٍ وَ كَانَتْ مَسَّتْ عَلَى حِكَايَاتِ اللَّيْلِ وَ كَانَ الْعُشَّاقُ يُرِيدُونَ الْعَيْشَ مِثْلَنَا وَ كَانَ الْوَحِيدُونَ تَمَنَّوْا أَن يَلتَقُوا بِأَشْخَاصٍ يَعِيشُونَ مَعَهُمْ حُبَّنَا فَأَنِّي لِأَجْلِكَ أَكْتُبُ وَادَّعِي وَأَنْتَ لِي أُجْلِي كُلَّ مَا أَمْتَلِكُ فَهَذَا الْعِشْقُ سَيَدُومُ طَوِيلاً وَ لَمْ يَنْتَهِي مِثْلُ أَرْوَاحِنَا فَأَنتَ مَلْكِي وَأَنِّي خُلَقْتُ لَكَ فَلَا تُجُنْ وَتُحَاوِلُ أَنْ تُثِيرَ جُنُونِي فَأَنِّي حَتْمًا سَأُغَارُ عَلَيْكَ مِنِ ابْنَتِنَا لَوْ هَذَا جُنُونٌ فَأَنِّي يَا عَزِيزِي مَجنُونَةٌ بِكَ وَأَنْتَ فَقَطِ الْقَادِرُ عَلَى شِفَاءِ هَذَا الْجُنُونِ وَلَوْ هَذَا عِشْقٌ فَأَنِّي وَصَلْتُ لِأَقْصَى دَرَجَةٍ فِي هَذَا الْعِشْقِ.

سما طارق قنديل (حبة اللؤلؤ)

تفاؤلٌ

لَا أَعْلَمُ مَتَى اسْوَدَّ قَلْبِي وَأَصبَحَ بِهَذِهِ القَسْوَةِ بَعْدَ مَا كَانَ مِثلَ بَيَاضِ الثَّلجِ صَارَ يَكْرَهُ كُلَّ شَيْءٍ وَعَاشِقٌ فَقَط لِلْوَحْدَةِ لَا يَرَى سِوَى الْجَانِبِ الْمُظْلِمِ مِنَ الْحَيَاةِ وَيَرَى كُلُّ مَنْ حَوْلَهُ عِبْءٌ عَلَيْهِ وَ لَا يَرَى جَمَالُ هَذِهِ الْحَيَاةِ مِنَ الطَّبِيعَةِ مِثْلَ الشَّجَرِ وَالْمَطَرِ وَ الْوَرْدُ يَرَى الشَّوْكَ فِي الْوَرْدِ وَلَا يَرَى جَمَالُهَا سَكَنَ الْحُزْنِ دَاخِلِيٌّ أَصْبَحَتْ مُتَشَتِتَةً لَا أَعلَمُ مَتَى وَأَيْنَ وَكَيْفَ تَغَيَّرُ كُلُّ هَذَا مَتَى هَذَا الْبَيَاضُ تُلَطِّخُ قَلْبِي أَصْبَحَ كَسَوَادِ اللَّيْلِ أَصْبَحَ الْقَلْبُ كَكُومَةٍ مِنَ الْغِرْبَانِ السَّوْدَاءِ تَأْكُلُ فِي خُيُوطِ الْقَلْبِ؛ لِتَصِلَ لِكِيَانِهِ لِمَا كُلُّ هَذَا التَّشَائُمِ لِمَا لَا نَرَى الْجَانِبَ الْمُشْرِقَ مِنْ هَذِهِ الْحَيَاةِ لِمَا لَا نَرَى الْجَمَالَ فَكُل مِنَّا جَمِيلٌ بِنَوْعٍ آخَرَ نَعْلَمُ أَنَّ هَذِهِ الْحَيَاةَ بِهَا الْكَثِيرُ مِنْ الصُّعُوبَاتِ وَ عَلَيْنَا أَنْ نَتَخَطَّهَا وَ مَعَ كُلِّ خُطْوَةٍ نَعْلَمُ مَاذَا نَفْعَلُ وَ نَتَعَلَّمُ مِمَّا نَفْعَلُهُ حَتَّى وَ إِذَا فَشِلْنَا فَحَاوَلْنَا وَ لِنُحَاوِلْ بِطَرِيقَةٍ مُخْتَلِفَةٍ حَتَّى نَنْجَحَ وَنُصَصِّلَ لِلْهَدَفِ الصَّحِيحِ عَلَيْنَا فَقَطْ التَّفَائُلُ حَتَّى نَجْتَازَ كُلَّ هَذِهِ الصُّعُوبَاتِ وَ لَا تَعْتَمِدُ عَلَى أَحَدٍ فَلَيْسَ الْجَمِيعُ أَوْفِيَاءَ عَلَيْكَ أَنْ تُحَافِظَ عَلَى كُلِّ اخْتِيَارٍ حَتَّى وَ إِنْ كَانَ خَاطِئًا.

سما طارق قنديل (حبة اللؤلؤ)

الْحَيَاةُ

الْحَيَاةُ لَيْسَتْ عَادِلَةً كَمَا يَظُنُّ الْبَعْضُ أَوْ لَيْسَتْ قِصَّةً نَرْوِيهَا وَنَخْتَارُ أَبْطَالَهَا؛ لِنَكْتُبَ لَهَا نِهَايَةً سَعِيدَةً أَوْ عَادِلَةً لِنَفْعَلَ ذَلِكَ نَحْتَاجُ إِلَى الْخَيَالِ وَالْحَيَاةُ عِبَارَةٌ عَنْ وَاقِعٍ مُؤْلِمٍ مَلِيءٍ بِنِفَاقٍ، وَالصُّعُوبَاتُ هِيَ دُرُوسٌ تُعَلِّمُنَا كَيْفَ نَتَعَامَلُ مَعَ هَذِهِ الْحَيَاةِ لِتَكُونَ وَاعِيًا أَكْثَرَ سَتُنْجِينَا مِنْ هَذَا الْوَاقِعِ، افْعَلْ مَا تَشَاءُ حَتَّى وَإِنْ تَعْلَمْ أَنَّ هَذَا خَطَأٌ فَنَحْنُ نَتَنَفَّسُ وَنَعْلَمُ أَنَّنَا سَنَمُوتُ فَلَمَّا نَسْتَهْلِكُ الْأُكْسُجِينَ، افْعَلْ مَا تَشَاءُ وَلَا تَجْعَلْ أَحَدٌ يَفْعَلُ بِكَ مَا يَشَاءُ، فَلِكُلٍّ مِنَّا رَأْيٌ يُمَيِّزُهُ عَنْ الْآخَرِ وَأَنْتَ تَعْلَمُ أَنَّ الْوُصُولَ لِلنَّجَاحِ صَعْبٌ، فَعَلَيْكَ أَنْ تَخْتَارَ أَنْ تَسْتَسْلِمَ وَتَنْهَزِمَ بِبَسَاطَةٍ أَوْ أَنْ تُحَارِبَ لِلْفَوْزِ، فَأَنْتَ لَا تَعْلَمُ لَعَلَّ بَعْدَ الْفَوْزِ فَرَجٌ.

سما طارق قنديل (حبة اللؤلؤ)

إنه لمؤلمٌ

إنه لمؤلمٌ أن تضحَك وتبتَسم وتعيشَ حيَاتَكَ مُتفَائلاً أمام الجميع وإذا أصبحت وَحدك تذرُفُ عَينَيك الدمُوع وَقَلبَكَ يَحتَرقُ من الألم إنه لَمُؤلمٌ حَقًا.

عائشة إبراهيم شكري

كَيْفَ لَكَ أَنْ تَتْرُكَنِي

تَرَكتَنِي وَحِيدًا لَيْسَ لَدَيَّ أَحَدٌ لَيْسَ بِقُرْبِي أَحَدٌ كَيْفَ لَكَ أَنْ تَتْرُكَنِي هَكَذَا لَقَدْ وَعَدْتَنِي أَنَّكَ لِمَ وَلَن تَترُكَنِي، وَلَنْ تَخْذُلَنِي أَبَدًا وَوَثَقتَ بِكَ فَهَذَا جَزَائِي، جَزَائِي أَنَّنِي أَحبَبْتُكَ وَوَثِقتُ بِكَ .

عائشة إبراهيم شكري

ثِقْ بِنَفْسِكَ

لَا تَعِش عَارِضًا نَفسَكَ لِلجَمِيعِ مُنتَظِرًا مَن يَعجَبُ بِكَ وَيُثنِي عَلَيكَ، قِيمَتُكَ لَيسَتْ فِي الآخَرِينَ وَلَا تُقَاسُ بِرَأْيِهِمْ، قِيمَتُكَ بِدَاخِلِكَ ثِقْ بِنَفسِكَ فَالثِّقَةُ بِالنَّفسِ هِيَ مِفتَاحٌ مِن مَفَاتِيحِ الحَيَاةِ.

عائشة إبراهيم شكري

"متَاهَاتُ الْحيَاةِ مُؤْلِمَةٌ"

كُنتُ أَتَأَلَّمُ فِي وَسَطِ أفرَاحِي وَ كُنتُ أبتَسِمُ فِي وَسَطِ أَحزَانِي وَلَا أدرِي كَيْفَ وَلَكِنْ كُنْتُ غَرِيبَةً جِدًّا، كُنْتُ تَائِهَةً بَيْنَ مَتَاهَاتِ الْحَيَاةِ لَا أَعْرِفُ الطَّرِيقَ الصَّحِيحَ لِي وَلَكِنْ اكْتَشَفْتُهُ عِنْدَمَا انْكَسَرَ قَلْبِي أَكْثَرَ مِنْ مَرَّةٍ.

سلمى أشرف البحيري

عاشقة ديسمبر

الفيوم

"أَحْلَامُنَا تتَحطَّمُ"

كَانَ بِدَاخِلِي كَم هَائِلٌ مِنَ الأَحْلَامِ وَ لَكِن تَحَطَّمت مِن شَيءٍ لَا يُذكَرُ شَيءٌ صَغِيرٌ جِدًّا يَهْدِمُ أَحْلَامًا كَبِيرَةً جِدًّا لَا أَعْلَمُ كَيْفَ وَلَكِنْ نَحنُ البَشَرُ لَا نُقَدِّمُ فُرصَةً ثَانِيَةً لِأَنْفُسِنَا، عَجَبًا لَنَا مِن كَثْرَةِ اليَأْسِ الذِي بِدَاخِلِنَا.

سلمى أشرف البحيري

عاشقة ديسمبر

الفيوم

"التَّفَاؤُلُ"

التفَاؤُلُ يُسعِدُ النَّفسَ فَاتَفائَلُوا فَفِي التَّفَاؤُلِ دَوَاءٌ وَارتِوَاءٌ وَ انتِقَاءً، وَأَصبِرُوا تَنَالَوْا أَكْثَرَ مِمَّا حَلَمْتُمْ بِهِ وَلَا تَيْأَسُوا، فَفِي التَّفَاؤُلِ نَجِدُ طَرِيقَ الْأَمَلِ لِرَفْعَتِنَا لِلنَّجَاحِ قَدِّمُوا فُرْصَةً ثَانِيَةً لِأَنْفُسِكُمْ وَلَا تَمِلُّوا حَتَّى تَحصُلُوا عَلَى أَحْلَامِكُمْ فَتَفَائَلُوا بِالْخِيرَ تَجِدُوهُ وَثِقُوا أَنَّ اللَّهَ إِذَا أَخَذَّ مِنْكُمْ شَيْئًا سَيُعَوِّضُكُمْ بِأَشْيَاءَ أَجْمَلَ.

سلمى أشرف البحيري

عاشقة ديسمبر

الفيوم

أَطْفَالٌ بِلَا طُفُولَةٍ

مَاذَا تَفعَلُونَ أَتظُنُّونَ تَوبِيخَكُمْ سَيُعَلِّمُنِي، هَيْهَاتَ إِنْ أَثمَرَ مَا تَفْعَلُونَ أَمْ أَنَّكُمْ لَا تَدْرُونَ أَنَّنِي شَخْصِيَّةٌ شَدِيدَةُ الْعِنَادِ وَمُتَهَوِّرَةٌ فِي غَضَبِي، وَلَنْ أَقْبَلَ أَنْ أَكُونَ ضَحِيَّةً ذَاتَ شَخْصِيَّةٍ ضَعِيفَةٍ، هَذَا هُرَاءٌ فَأَنَا قَوِيَّةٌ وَلَن أَسمَحَ بِسَلْبِ شَخْصِيَّتِي، لَكِنْ لَنْ أُنْسِيَ يَوْمًا أَنَّكُمْ تَجَاهَلْتُمْ حُقُوقِي: لِتَفْرِيغِ طَاقَةِ غَضَبِكُم مِنْ قَسوَةِ الْحَيَاةِ وَصِعَابِهَا وَ لَمْ تُفَكِّرُوا بِأَنَّنِي لَازِلْتُ صَغِيرَةً، لَا أَسْتَوْعِبُ مَا يُحْدُثُ وَ لَا أَعلَمُ مَاذَا فَعَلتُ لِأَسمَعَ ذَلِكَ الكَلَامَ الْقَاسِيَ وَ فِي النِّهَايَةِ أَوجُهَ تَحِيَّاتِي لِكُلِّ مُجْتَمَعٍ حَافِظٍ عَلَى تَأْمِينِ الطَّاقَةِ الْإِيجَابِيَّةِ لِأَبنَائِهِ خَاصَّةً الْأَطْفَالَ مِنْهُمْ: لِيُنشِئُوا أَسْوِيَاءَ فِي بِيئَةٍ صِحِّيَّةٍ سَلِيمَةٍ .

أسماء عبدالمنعم

"شاعرة الوادي المغتربة "

*مُجْتَمَعٌ بِلَا أُسُسٍ

وَكُنتُ أَظُنُّ الأُمُورَ أَكثَرَ سُهُولَةً مِمَّا وَجَدْتُهَا عَلَيْهِ، كُنْتُ أَظُنُّ أَنَّ الْجَمِيعَ يُقَدِّرُ الْمَبَادِئَ وَالْمَوَاهِبَ مِمَّا كَانَ سَيَسْهُلُ عَلَيَّ الْوُصُولَ لِمَكَانَتِي التِي أَستَحِقُّهَا، تَبًا لِحَيَاةٍ بِتِلْكَ الْقَسْوَةِ وَلِأُنَاسٍ بِتِلْكَ الطِّبَاعِ وَمُجْتَمَعٌ بِتِلْكَ الوَحْشِيَّةِ، تَبًّاً لِزَمَانٍ يَأْكُلُ فِيهِ الْأَخُ حَقَّ أَخِيهِ، تَبًا لِزَمَانٍ كَثُرَ فِيهِ عُقُوقُ الْأَبْنَاءِ وَأَصبَحَ الْوَضْعُ مُعْتَادًا بِالنِّسْبَةِ لِلْجَمِيعِ، تَبًا لِزَمَانٍ تُهْدَرُ فِيهِ الْحُقُوقُ بِكُلِّ دَمٍ بَارِدٍ .

أسماء عبدالمنعم

"شاعرة الوادي المغتربة "

ليالٍ خلابة بلا منغصات

ما أروعُ لَيالِي الرَبِيع ذَاتَ النَسِيم العَلِيل بِه بَعضًا مِن البُرودَةِ مِمَّا يَدفعك دُونَ إرادتك للقِيام بِنُزهَةٍ فِي شَوارِعِ قَريَتِكَ الهادئة وسط ذلكَ الجو الخلاب، كم أعشقُ الأجواء الليليةِ ونَسيمها البَارِدِ العَلِيل، كَم أعشقُ هُدوءها وخُلوها مِن الملوثَات والأشخَاص المُزعِجِين .

أسماء عبدالمنعم

"شاعرة الوادي المغتربة "

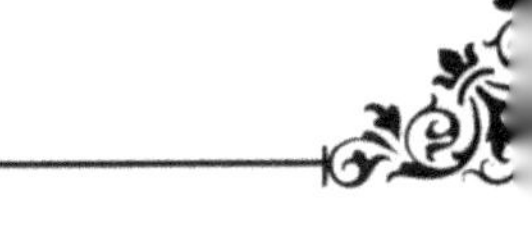

ذِكرَيَاتٌ مَشْؤُومَةٌ

وَكُلَّمَا ظَنَنتُ أَنَّنِي وَأَخِيرًا تَجَاوَزتُ المَوْضُوعَ أَجِدُ نَفسِي أُهزَمُ مَرَّةً أُخرَى أَمَامَ ذِكرَيَاتِ تِلكَ الفَترَةِ المَشْؤُومَةِ، أَجِدُ نَفسِي وَ كَأَنَّنِي أَختَنِقُ وَلَا يَكفِينِي كُلُّ الْهَوَاءِ حَولِي يَضِيقُ بِي المَكَانَ وَكَأَنَّ جُدْرَانَ الْحُجْرَةِ تُطَبَّقُ عَلَيَّ، وَتُظْلَمُ الدُّنْيَا وَكَأَنْ لَا لِلشَّمْسِ وُجُودٌ وَلَا تَكْفِينِي كُلُّ تِلْكَ الْمَصَابِيحِ وَكَأَنَّنِي أَغْرِقُ فِي مُسْتَنْقَعِ الذِّكْرَيَاتِ الْمُؤْلِمَةِ وَأَنَا لَا أَعْرِفُ السِّبَاحَةَ وَلَا يُوجَدُ مَن يَنْقُذُنِي، أُحَاوِلُ الصُّرَاخَ عَسَى أَنْ يَأْتِيَ أَحَدٌ؛ لِمُسَاعَدَتِي لَكِنْ لَا أَسْتَطِيعُ شُعُورَ الِاخْتِنَاقِ يَمْنَعُنِي حَتَّى مِنَ الْكَلَامِ وَإِنْ اسْتَطَعْتُ أَجِدُ صَوْتِي قَدْ تَلَاشَى قَبْلَ أَنْ يَصِلَ لِآذَانِ أَحَدٍ أَوْ حَتَّى أُذُنَايَ، يَالِهُ مِنْ أَمْرٍ بَشِعٍ .

أسماء عبدالمنعم

"شاعرة الوادي المغتربة ".

سعادة هاربة

يُصَاحبنِي الحُزن والاكتئاب ونِيسِي، وكُلمَا ظَنَنتُ أن السَعادة آتية أجدهَا تغَير مسَارها قبل الاقتِراب مِنّي وكأن الحزن لعنة تلازمني وتُرهب السعادة مني و تجبرها على الفرار .

أسماء عبدالمنعم

"شاعرة الوادي المغتربة "

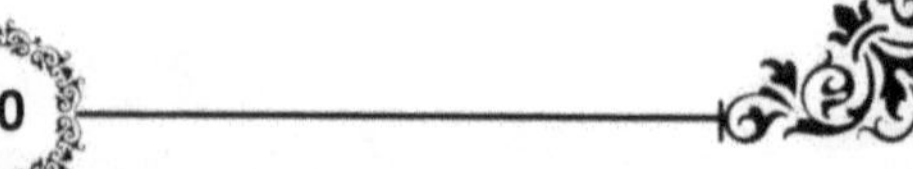

*كِبْرِيَاءَ رَغْمَ الْخِذْلَانِ

يَتَظَاهَرُونَ بِحُبِّي وَمِنْ دَاخِلِهِمْ نَوَايَا سَيِّئَةً يَنْتَظِرُونَ سُقُوطِي؛ لِأَصْبَحَ فَرِيسَةً سَهْلَةً لَهُمْ وَكُنْتُ أَظُنُّهُمْ أَصْدِقَائِي، يَا وِيلِي مَاذَا حَلَّ بِالْبَشَرِ؟ فَهَلْ انْعَدَمَ الْحُبُّ وَالْوَفَاءُ؟! أَيْنَ ضَمَائِرُهُمْ، أَقُتِلَتْ؟!

يَنْتَظِرُونَ سُقُوطِي وَمَا أَنَا بِمُسْتَسْلِمَةٍ، سَأُحَارِبُ وَأَسِيرُ فَقَطْ لِلْأَمَامِ، لَسْتُ بِمُزَحْزَحَةِ أَقْدَامِي عَنْ الْقِمَّةِ، لَسْتُ أَنَا تِلْكَ الَّتِي تَعُودُ بَاكِيَةً مِنْ هَزَائِمِ الْحَيَاةِ، لَسْتُ أَنَا مَنْ تَنْهَارُ أَمَامَ أَعْدَائِهَا بَلْ أَنَا الَّتِي لَمْ وَلَنْ تَدَعَ أَعْدَاءَهَا يَسْعِدُونَ بِسُقُوطِهَا يَوْمًا.

أسماء عبدالمنعم

"شاعرة الوادي المغتربة "

*فَاقِدُ الشَّيْءِ يُمْكِنُهُ أَنْ يُعْطِيَهُ وَمِن أَكثَرِ الأقَاوِيلِ التِي لَا أُؤمِنُ بِهَا هِيَ: «فَاقِدُ الشَّيءِ لَا يُعْطِيهِ»، لَا بَلْ فَاقِدُ الشَّيْءِ يُمْكِنُهُ أَنْ يُعْطِيَهُ أَحْيَانًا وَبِكَثْرَةٍ أَيْضًا، فَلَرُبَّمَا طِفْلَةٍ عَانَتْ مِنْ قَسْوَةِ وَالِدَيْهَا عِنْدَمَا تَكَبُرُ تُصْبِحُ أَلْطَفَ وَأَحَنَّ أُمْ؛ لِأَنَّهَا تَخَافُ عَلَى صِغَارِهَا تَجْرِبَةَ نَفْسِ الشُّعُورِ، وَلَرُبَّمَا شَخَصٌ خُذِلَ مِنْ أَعَزِّ الْأَشْخَاصِ وَأَقْرَبِهِمْ لِقَلْبِهِ غَدًا يُقَابِلُ أَحَدًا يُقَدِرُهُ فَيَحْرِصُ أَشَدَّ الحِرصِ أَنْ يَكُونَ عِنْدَ حُسْنِ ظَنِّهِ بَلْ أَفْضَلَ مِنْ ذَلِكَ؛ خَوْفًا أَنْ يَمُرَّ مَنْ أَحَبَّهُ بِنَفْسِ تَجْرِبَتِهِ السَّابِقَةِ.

أسماء عبدالمنعم

"شَاعِرَة الوَادِي المُغْتَرِبَة"

مُلْهِمِي وَرَفِيقِي

يَأسُرُنِي مَظهَرُ السَّمَاءِ الْخَلَابِ خَاصَّةً فِي اللَّيلِ، وَيَا حبذَا سَمَاءُ الشّتَاءِ اللَّيْلِيَّةِ الْمُزَيَّنَةُ بِالنُّجُومِ الْمُتَلَأْلِئَةِ اللَّامِعَةِ مَعَ بَعْضِ السُّحْبِ الضَّبَابِيَّةِ الْجَمِيلَةِ وَالْجَذَّابَةِ الْمُبَعْثَرِينَ فِي السَّمَاءِ حَولَ الْقَمَرِ الْمُشِعّ بِضَوْءٍ أَشْعَرَ أَنَّهُ يُوقِظُ دَاخِلِي الْمَشَاعِرَ وَ الْأَحَاسِيسَ وَيُلهِمُنِي الْإِبْدَاعُ وَالرَّاحَةَ النَّفْسِيَّةَ، فَأَنَا مِنْ مُحِبّينَ بَلْ مِن عُشَّاقِ اللَّيْلِ وَالْأَجْوَاءِ اللَّيْلِيَّةِ وَكُلُّ مَا هُوَ مُتَعَلِقٌ بِاللَّيْلِ وَنَسِيمهُ الْعَلِيلِ وَأَجْوَائِهِ الْهَادِئَةِ الَّتِي تَبْعَثُ دَاخِلِي رُوحَ الْإِلْهَامِ وَالسَّكِينَةِ وَالطُّمَأْنِينَةِ.

أسماء عبدالمنعم

"شاعرة الوادي المغتربة "

صِرَاعُ الْمُوَاجَهَةِ

وَفِي الوَقتِ الذِي أَخَافُ فِيهِ مِن مُوَاجَهَةِ الْعَالَمِ الْخَارِجِيّ وَالتَّحَدُّثِ مَعَ النَّاسِ وَمُقَابَلَةِ أَشْخَاصٍ جُدُدٍ أَشْعَرُ بِرَغبَةٍ شَدِيدَةٍ فِي التَّحَرُّرِ مِنْ كُلِّ تِلْكَ الْقُيُودِ وَ السَّيْطَرَةِ عَلَى خَوْفِي، أَتَمَنَّى أَلَّا تَكُونَ مَخَاوِفِي حَقِيقِيَّةً وَأَنْ يَزُولَ هَذَا الْخَوْفُ وَالْقَلَقُ؛ لِأَتَمَكَّنَ مِنْ الْعَيْشِ بِسَلَامٍ وَالنَّومِ بِعُمْقٍ وَطُمَأْنِينَةٍ، أَنْتَظِرُ يَوْمَ الْمُوَاجَهَةِ وَفِي نَفسِ الْوَقْتِ أَخْشَاهُ، كَمْ هُوَ صِرَاعٌ صَعْبٌ وَمُرْهِقٌ يَسْتَنْزِفُ طَاقَتِي بِشَكْلٍ كَبِيرٍ، كَمْ أَتَمَنَّى السَّلَامَ وَالطُّمَأْنِينَةَ وَتَشْتَاقُ رُوحِي إِلَيْهِمَا.

أسماء عبدالمنعم

"شاعرة الوادي المغتربة"

"افْتَرَقْنَا"

كُنْتُ أَقُولُ لَهُ: أَنتَ النُّورُ الَّذِي يُضِيءُ حَيَاتِي وَيُنِيرُ عَتَمَةَ لَيَالِيَّ، أَنْتَ قِطْعَةٌ مِنْ السُّكَّرِ دَاخِلَ كُوبًا مِنْ القَهْوَةِ مَلِيءٌ بِمَرَارَةِ الْأَيَّامِ وَالْآنَ لَقَدْ تَعَوَّدْتُ أَنْ أَجْلِسَ فِي الظَّلَامِ وَ عَشَقْتُ عَتَمَةَ لَيَالِيَّ، وَأَحبَبتُ كُوبَ قَهْوَتِي بِدُونِ سُكْرٍ، وَاعتَدّتُ عَلَيَّ مَرَارَةَ أَيَّامِي؛ لِأَنَّنَا بِكُلِّ بَسَاطَةٍ لَمْ نَعُدْ كَمَا كُنَّا لَمْ نَعُدْ مِثْلَ المَاضِي؛ لِأَنَّنَا الآنَ افْتَرَقْنَا وَهَذَا كُلُّ شَيْءٍ.

نـدى محسن الـرُخ

" *لَازَلْتُ مُغْرَمَةً بِگ*"

لَقَدْ بِتُّ تِلكَ اللَّيْلَةَ وَأَنَا فِي انْتِظَارِكَ وَانْتِظَارِ رُؤيَتِكَ وَبِدَاخِلِي الْكَثِيرُ مِنَ الشَّوْقِ وَالْعِشْقِ وَالِاشتِيَاقِ وَ لَكِنْ عِنْدَمَا رُأيتُكَ أَمَامِي وَلَا تَهتَمُّ لِوُجُودِي مِنَ الْأَسَاسِ انطَفَأْتِ اللَّهْفَةُ الَّتِي بِدَاخِلِي وَزَالَ الشَّوْقُ وَالعِشقُ وَالِاشتِيَاقُ إِلَيكَ، وَلَكِنِّي لَازَلْتُ مُغْرَمَةً بِكَ.

ندى محسن الـرُخ

وَإنْ تكَلَّمتْ عَنْ عِوَضِ اللهِ سَأَبْدَأُ بِكَ

لَا يُوجَدُ شَيءٌ أَجْمَلُ مِن أَنْ تُقَابِلَ شَخْصٌ هُوَ عِوَضُكَ وَ نتَ عِوَضُهُ وَعِنْدَمَا تَخْسَرُ شَيْءٌ أَوْ شَخْصٌ فِي حَيَاتِكَ تَأَكَّدْ بِأَنَّ "اللَّهَ" سَوْفَ يُعَوِّضُكَ بِشَخْصٍ أَجْمَلَ مِنْهُ بِكَثِيرٍ وَمَا أَجْمَلَ أَنْ تَكُونَ عِوَضًا لِشَخْصٍ عَاشَ حَيَاةٍ قَاسِيَةً، وَهُوَ يَرَاكَ كُلَّ شَيْءٍ فِي حَيَاتِهِ وَكُلُّ مَا يَمْلِكُ فِي هَذِهِ الْحَيَاةِ وَكُلُّ مَا ادُّخَرَ فِي حَيَاتِهِ وَكُلِّ حَيَاتِهِ بِأَكْمَلِهَا، وَمَا أَجْمَلَ عِوَضَ "اللَّهُ" عِنْدَمَا يَأْتِيكَ بَعْدَ خِذلَانِكَ مِنْ كَثِيرٍ.مِمَّنْ حَوْلَكَ لَا يُوجَدُ شُعُورًا أَجْمَلَ مِنْ أَنْ يَرَاكَ شَخْصٌ عِوَضَهُ، يَرَاكَ مُمَيّزًا وَ مُخْتَلِفًا مَهْمَا كُنْتَ عَادِيًا وَمَهْمَا كَانَتْ عُيُوبُكَ هُوَ يَرَاكَ لَيس بِعَيْنَيْهِ إِنَّمَا بِقَلْبِهِ يَرَاكَ بِعُيُونِ قَلْبِهِ؛ لِذَلِكَ يَرَاكَ دَائِمًا جَمِيلاً مَهْمًّا كَانَتْ عُيُوبُكَ وَمَشَاكِلُهُ إِنَّهُ عِوَضٌ "اللَّهُ" يَأْتِي دَائِمًا فِي الْوَقْتِ الْمُنَاسِبِ لَهُ تَمَامًا وَإِنْ تَكَلَّمْتَ عَنْ عِوَضٍ "اللَّهِ" سَأَبْدَأُ بِكَ.

ندى محسن الرُخ

"الْحَنِينُ يَزْدَادُ وَالشَّوْقُ لَنْ يَنْتَهِيَ"

لَقَدْ بتُّ أَبْحَثُ فِي وُجُوهِ الْبَشَرِ لَعَلِّي أَرَاكَ أَو حَتِّي أَرَى طَيْفَكَ، وَ بِتَّ فِي كُلِّ لَيْلَةٍ أَتَذَكَّرُ تَفَاصِيلَ وَجهِكَ وَ بَاتَ الحَنِينُ إِلَيْكَ يَزْدَادُ يَوْمًا بَعْدَ الْآخَرِ، وَبَاتَ الشَّوْقُ إِلَيكَ يَكْثُرُ فِي كُلِّ لَيْلَةٍ أَكْثَرَ مِنَ الَّتِي قَبْلَهَا، وَبِتْ أَنت بَعِيدًا عَنِّي وَبِتُّ أَنَا فِي كُلِّ يَوْمٍ وَ لَيْلَةٍ أَشْتَاقُ لَكَ وَأَحِنُّ إِلَيْكَ وَإِلَى كُلِّ تَفَاصِيلِكَ، وَبَاتَ الْحَنِينُ إِلَيْكَ يَزدَادُ وَالشَّوْقُ لَن يَنْتَهِيَ إِلَّا بِوِصَالِكَ وَوُجُودِكَ بِجَانِبِي، تِلْكَ الرَّغبَةُ فِي لَمْسِ وَجهِكَ تُرَاوِدُنِي دَائِمًا .

نـدى محسن الـرُخ

أَخِيرًا وَبَعْدَ كَثِيرًا مِنَ الشَّوْقِ إِلَيكَ أَتَيْتَ أَنْتَ؛ لِكَي تُخرِجَنِي مِن الظَّلَامِ الَّذِي كَانَ يُحِيطُ بِي مِنْ دُونِكَ وَ لَكِنْ لَمْ تَكُنْ تِلْكَ اللَّحْظَةُ الَّتِي رَأَيْتُكَ بِهَا كَافِيَةً لِكَي تَكفِي حُنِينِي إِلَيكَ وَشَوقِي لِكَي أَرَاكَ أَتَمَنَّى أَنْ أَرَاكَ مَرَّةً أُخْرَى وَلَكِنْ هَذِهِ الْمَرَّةَ لَا أَوَدُّ أَنْ تَكُونَ بَعْضَ اللَّحَظَاتِ بَلْ تَكُونُ الْعُمْرَ بِأَكْمَلِهِ.

نـدى محسن الـرُخ

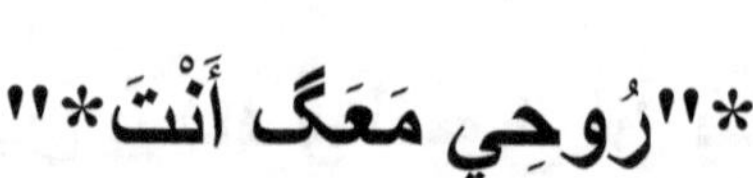

"رُوحِي مَعَك أَنْتَ"

أَنَا لَا أَجِدُ مَا أَكْتُبُهُ الْآنَ أَشْعُرُ وَكَأَنَّ جَمِيعَ الْحُرُوفِ وَالْكَلِمَاتِ تَائِهَةٌ مِنِّي مِثْلَ رُوحِي تَمَامًا فَقَطْ شَهِيقًا دَاخِلًا وَ زَفِيرًا خَارِجًا بِلَا رُوحٍ، أَشْعُرُ أَنَّ رُوحِي تَائِهَةٌ لَا أَعْلَمُ أَيْنَ ذَهَبْتَ لَا أَعْلَمُ لِمَاذَا تَرَكْتَنِي هَكَذَا كُلُّ مَا أَعْرِفُهُ الْآنَ أَنَّ رُوحِي تَائِهَةٌ شَارِدَةٌ، لَا مَلْجَأَ وَ لَا مَلَاذًا لَهَا سِوَاكُ، إِنَّ رُوحِي الْآنَ بِجِوَارِكَ أَنَا أَعْلَمُ هَذَا وَ أَعْلَمُ أَنَّ رَاحَتِي فَقَطْ مَعَكَ وَ بِجِوَارِكَ، لِمَاذَا أُكَابِرُ لِمَاذَا أُعَانِدُ هَكَذَا، أَنَا أَعْلَمُ أَنَّ رُوحِي شَارِدَةٌ وَلَكِنِّي أَعْلَمُ مَكَانَهَا، إِنَّ رُوحِي تَرَكْتَنِي وَذَهَبْتُ إِلَيْكَ، أَنَا الْآنَ بِلَا رُوحٍ ، وَلَكِنَّ رُوحِي مَعَكَ أَنْتَ.

نـدى محسن الـرُخ

" *إنَّكَ كَأجْوَاءِ مَيامِي*"

أَنا لَا أَعْلَمُ مَا كُلُّ هَذِهِ التَّغَيُّرَاتِ بِكَ أَحيَانًا تَكُونُ هَادِئًا وَسَاكِنًا وَتَكُونُ كَلِمَاتُكَ كَالنَّسِيمِ الْهَادِئِ وَتَكُونُ نَبرَةُ صَوْتِكَ كاهوَاءِ الدَّافِئِ، وَأَحيَانًا أُخرِي تَكُونُ شَارِدًا، وَبَارِدًا تَكُونُ كَالصَّاعِقَةِ فِي لَيْلَةٍ شَتوِيَّةٍ وَتَكُونُ كَلِمَاتُكَ شَبِيهَةً بِالصَّاعِقَةِ الَّتِي تَفْتَفِتْ قَلْبِي إِلَى أَجْزَاءٍ صَغِيرَةٍ أَثْنَاءَ غَضَبِكَ وَتَكُونُ نَظَرَاتُكَ كَالْهَوَاءِ الْبَارِدِ فِي لَيْلَةٍ مُمْطِرَةٍ، أَنَا لَا أَفْهَمُكَ، أَنْتَ تَكُونُ كَالنَّسِيمِ فِي رِضَاكَ وَكَالْعَاصِفَةِ فِي غَضَبِكَ، أَنَا لَا أَجِدُ كَلِمَاتٍ أُعَبِّرُ بِهَا عَنْ مَدَى تَغَيُّرِكَ هَذَا سِوَى أَنَّكَ تَتَغَيَّرُ فِي لَحْظَةٍ تَمَامًا كَأَجْوَاءِ مِيَامِي .

نـدى محسن الـرُخ

لَمْ أَنسَاكَ يَوْمًا حَتَّى أَتَذَكَّرَكَ

وَبَعدَ فِرَاقِ عِدَّةِ سَنَوَاتٍ، لَقَد تَقَابَلْنَا وَرَأَيْتُهُ يَقْتَرِبُ مِنِّي بِهُدُوءٍ و قَالَ: كَيْفَ حَالُكَ؟ هَلْ تَتَذَكَّرِينَنِي ؟!

فَابتَسَمتُ وَقُلْتُ لَهُ لَمْ أَنسَاكَ يَوْمًا حَتَّى أَتَذَكَّرَكَ.

نـدى محسن الـرُخ

مَازَالَ الشَّوْقُ يَزْدَادُ

مَازَالتُ أَضْعَفُ أَمَامَ عَيْنَيْكِ، مَازَالَتْ نَظْرَةُ عَيْنَيْكَ تُسْعِدُنِي وَ تُؤْلِمُنِي، وَتُفْرَحُنِي، وَتَحْزَنُنِي فِي نَفْسِ ذَاتِ الْوَقْتِ، مَازَالَ الشَّوْقُ يَظْهَرُ فِي عَيْنَيِ إِلَيْكَ، مَازَالْتُ أَعْشَقُ ابْتِسَامَتَكَ، وَمَازَالَ الْفِرَاقُ بَيْنَنَا، وَمَازَالَ الشَّوْقُ يَزْدَادُ، وَمَازَالَتْ أَنَا مُشْتَاقَةٌ إِلَيْكَ، وَمَازَالَتْ أَنْتَ بَعِيدًا عَنِّي.

نـدى محسن الـرُخ

حُزنًا لَا أَسْتَطِيعُ بُكَاءَهُ.

النَّارُ فِي الدَّاخِلِ، الِاحْتِرَاقُ فِي الدَّاخِلِ كَالجَحِيمِ تَمَامًا وَلَكِنِّي هَادِئٌ كَيْفَ لِي أَنْ أَكُونَ بِهَذَا التَّنَاقُضِ، لَقَدْ عَجَزْتُ كَثِيرًا عَنْ فَهْمِ نَفْسِي لِمَا لَا أَسْتَطِيعُ الْإِفْصَاحَ عَمَّا بِدَاخِلِي أَفْعَلُ هَذَا صَعْبَ إِظْهَارِ الْفَرَحِ عِنْدَ الْفَرَحِ، إِظْهَارُ الْحُزْنِ عِنْدَ الْحُزْنِ الِانْهِيَارُ عِنْدَمَا تَحْتَاجُ نَفْسِي لِذَلِكَ، الْوَضْعُ أَشْبَهُ بِالنَّزِيفِ الداخلي أَسْمَعُ الْكَثِيرَ مِنْ الْأَحَادِيثِ عَن كَيفِيةِ ثَبَاتِي وَعَدَمِ إِبْدَائِي لِأَيِّ رِدَّةِ فِعْلٍ وَتُبَلُّدُ مَشَاعِرِي وَكَيْفَ أَنَّنِي لَا أَشْعُرُ بِشَيْءٍ تَيَقَّنْتُ وَقْتَهَا أَنْ لَا وُجُودَ لِمَنْ يَفْهَمُ مَا بِدَاخِلِي، لَا وُجُودَ لِمَنْ يَعْرِفُنِي مَعْرِفَةً تَامَّةً الصَّمتِ يَنْهَشُنِي، لَا أَسْتَطِيعُ الِاسْتِمْرَارَ هَكَذَا وَ لَم أَعُدْ أَعْرِفُ فِي أَيِّ نُقْطَةٍ أَنَا أَرْغَبُ فِي الِانْفِجَارِ حَقًّا وَأُفْرِغُ مَا بِدَاخِلِي أُرِيدُ التَّحَدُّثُ وَلَكِنْ إِذَا تَكَلَّمْتَ سَأَتَكَلَّمُ عَنِ الْكَثِيرِ وَالْكَثِيرُ مِنَ الْأَشْيَاءِ فَقَطْ لَنْ أَتَكَلَّمَ عَمَّا يُؤْلِمُنِي سَيَبْقَى بِدَاخِلِي، يَسْتَمْتِعُ بِتَعْذِيبِي يَسْتَشْعِرُ اللَّذَّةَ حِينَ أَتَأَلَّمُ يَتَغَذَّى عَلَى إِيذَائِي وَيَقُولُ لِي أَنَا هُنَا وَلَنْ أَخْرُجَ سَأَبْقَى وَلَنْ تَسْتَطِيعِينَ فِعْلَ أَيِّ شَيْءٍ، هُوَ مُحِقٌّ لَنْ أَسْتَطِيعَ فِعْلَ أَيِّ شَيْءٍ سَأُشَاهِدُ حَيَاتِي وَ هِيَ تَمُرُّ أَمَامِي دُونَ أَنْ أَحْيَاهَا أَتَمَنَّى فَقَطْ أَنْ أَشْعُرَ بِالرَّاحَةِ وَالطُّمَأْنِينَةِ وَلَوْ لِمَرَّةٍ وَاحِدَةٍ "مَا أَثْقَلَ الْحُزْنَ الَّذِي لَا نَسْتَطِيعُ الْبَوْحَ بِهِ.

سماء أشرف

أُرِيدُ النَّجَاةَ.

لَا أَعْلَمُ لِمَا وَ لَكِنِّي أَشْعُرُ بِأَنِّي أَوَدُّ الرَّحِيلَ وَ تَرْكَ كُلِّ شَيْءٍ بِغَيْرِ سَبَبٍ، لَا أَعْلَمُ إِلَى أَيْنَ إِلَى مَتَى فَقَدْ ضَيَّعْتُ بَعْضِي، رُبَّمَا لَنْ أَسْتَرْجِعَهَا يَوْمًا فِي الْكَثِيرِ مِنْ الْمَرَّاتِ تَمَنَّيتُ أَلَّا أُخْذَلَ مِن تِلْكَ الْجِهَاتِ الَّتِي رَاهَنَتْ عَلَيْهَا وَحَدَثَ مَا لَمْ تَتَوَقَّعْهُ نَفْسِي خُذِلَتْ وَمِنْ كُلِّ الْجِهَاتِ الَّتِي رَاهَنَتْ عَلَيْهَا شَعَرتُ حِينَهَا بِمَعْنَى كَيْفَ لِلْمَرْءِ أَنْ لَا يَسَعَهُ أَيُّ شَيْءٍ، أَصبَحْتُ أَسِيرُ وَلَسْتُ أَعْلَمُ إِلَى أَيْنَ، إِنْسَانٌ بِلَا مَشَاعِرَ بَلْ بِلَا شَيْءٍ فَقَطْ يَنْتَظِرُ انْقِضَاءَ الْوَقْتِ رُبَّمَا ذَاتَ يَوْمٍ أَلْتَقِي بِمَنْ يُرَبِتُ عَلَى ذَاكَ الْكَتِفَ الْمَخْذُولِ مِنْ كُلِّ شَيْءٍ، كُلُّ شَيْءٍ بِلَا اسْتِثْنَاءٍ مِنْ الْأَهْلِ، الْخِلَّانُ، الْأَحْبَابُ كَيْفَ لَهُمْ أَنْ يَكُونُوا بِتِلْكَ الْقَسْوَةِ، أَنَا الَّتِي بِاسْتِطَاعَتِهَا التَّضْحِيَةُ بِرُوحِهَا مِنْ أَجْلِهِمْ، كَيْفَ هَانَتْ عَلَيْهِمْ نَفْسِي رَغْمَ ثَبَاتِ جَسَدِي فَرُوحِي جَاثِيَةٌ عَلَى رُكْبَتَيْهَا أُرِيدُ النَّجَاةَ حَقًّا، أُرِيدُ التَّعَافِي مِنْ أَثَرِ تِلْكَ الْخَيْبَةِ هُمْ غُرَبَاءُ لَمْ أَعْرِفْهُمْ حَقًّا كُنْتُ بِجَانِبِهِمْ وَلَمْ يَكُنْ بِجِوَارِي أَحَدٌ لَا أَلُومُهُمْ، لَنْ أَلُومَ إِلَّا نَفْسِي عَلَى سَذَاجَتِي، أَنَا العِلَّةُ لَقَدْ بَذَلْتُ كُلَّ جُهْدِي تُجَاهَ أَشْخَاصٍ تَبْذُلُ كُلَّ جُهْدِهَا لِلْإِفْلَاتِ بِي، الْعِلَّةُ هُنَا تَنْبَعِثُ مِنِّي.

سماء أشرف

عَزِيزِي ..

كَيْفَ حَالُكَ هَا أَنَا الْيَوْمَ أَقِفُ وَحْدِي لِلْمَرَّةِ مِنْ كَثْرَةِ الْمَرَّاتِ الَّتِي وَقَفْتُ بِهَا وَحْدِي أُجَابِهُ الدُّنْيَا لَمْ أَعِدْ أَذْكُرُ عَدَدَهُمْ، أَحْمِلُ الْكَثِيرَ وَالْكَثِيرَ مِنْ الْأَحَادِيثِ لَكِنْ لَا أَحَدَ هُنَا لِسَمَاعِي حَتَّى أَنْتَ، الشَّخْصِيَّةُ الْخَيَالِيَّةُ الَّتِي صَنَعَهَا عَقْلِي لِمُسَاعَدَتِي عَلَى التَّخَطِّي خَذَلَتْنِي لَمْ يَعُدْ بِاسْتِطَاعَتِي الشُّعُورُ بِوُجُودِكَ لَوْ تَعْلَمُ كَيْفَ يَمُرُّ يَوْمِي، أَخَافُ أَنْ تَعْلَمَ فَتَنْتَقِلَ لَكَ طَاقَتِي السَّلبِيَّةُ وَ تَأَثُرْ عَلَيْكَ كَلِمَاتِي الْبَاهِتَةِ مِثْلِي، هَل تَرى ذَلِكَ حَتَّى وَأَنْتَ شَخْصِيَّةٌ خَيَالِيَّةٌ لَا وُجُودَ لَهَا أَخَافُ أَنْ أُجَرِّحَكَ إِذًا لِمَا، لِمَا لَا يُوجَدُ مَنْ يَخَافُ عَلَى مَشَاعِرِي أَنَا الَّتِي تَخَافُ عَلَى مَشَاعِرِ النَّمْلَةِ، كَيْفَ لَا يُوجَدُ فِي هَذَا الْكَوْنِ الْوَاسِعِ مَنْ يَخَافُ عَلَى مَشَاعِرِي سَأَستَمِرُّ فِي وَحْدَتِي حَتَّى يَأْتِيَ مَنْ يُعَامِلُنِي بِرِفْقٍ كَشَيْءٍ يَخَافُ خَسَارَتَهُ لَن أَستَسلِمَ فَذَلِكَ الشَّخْصُ مَوجُودٌ، سَأَنْتَظِرُهُ رَغْمَ كُرْهِي لِلِانْتِظَارِ، أَثِقُ بِأَنَّهُ يَنْتَظِرُنِي أَيْضًا تَاهَتْ نَفْسِي عَنِّي وَ لَكِنِّي أَعلَمُ أَنَّنِي حِينَ أَجِدُكَ سَأَجِدُهَا إِنَّهُ أَنْتَ مَنْ سَيَقْتَلِعُنِي مِنْ تِلكَ الْفَوضَى العَبَثِيَّةِ .

سماء أشرف